Stefan Dassler

# Berufswahl und Bewerbungstraining

15 Minuten-Einheiten für zwischendurch

BEWERBUNG

Verlag an der Ruhr

# Impressum

Titel
Berufswahl und Bewerbungstraining
*15-Minuten-Einheiten für zwischendurch*

Autor
Stefan Dassler

Titelbildmotiv
© Picture-Factory | Fotolia.com

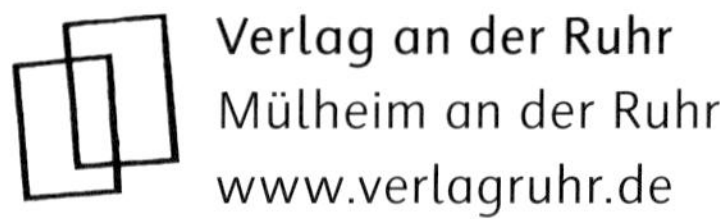

Verlag an der Ruhr
Mülheim an der Ruhr
www.verlagruhr.de

Geeignet für die Klassen 7–10

Unser Beitrag zum Umweltschutz:
Wir sind seit 2008 ein ÖKOPROFIT®-Betrieb und setzen uns damit aktiv für den Umweltschutz ein. Das ÖKOPROFIT®-Projekt unterstützt Betriebe dabei, die Umwelt durch nachhaltiges Wirtschaften zu entlasten. Unsere Produkte sind grundsätzlich auf chlorfrei gebleichtes und nach Umweltschutz standards zertifiziertes Papier gedruckt.


ISBN 978-3-8346-2931-9

Printed in Germany

# Inhaltsverzeichnis



## 1. Bewerbungsverfahren



## 2. Schriftliche Bewerbung

# Inhaltsverzeichnis

## 3. Onlinebewerbung



## 4. Assessment-Center



## 5. Vorstellungsgespräch

# Vorwort

**Die Bewerbung um einen Ausbildungsplatz ist Werbung in eigener Sache. Bewerbungen von Schulabgängern sind dabei wie Visitenkarten.**

Die Übungen in diesem Buch sollen den Jugendlichen Mut machen, sich für einen Ausbildungsplatz zu bewerben, und ihnen über verständliche Unsicherheiten hinweghelfen. Das Buch richtet sich daher an **(Klassen-)Lehrer der Sekundarstufe I** in den Fächern Deutsch, Sozialkunde, Wirtschaft, Politik und Berufsorientierung sowie im Berufsvorbereitungsjahr, die zwischendurch immer mal wieder 10–15 Minuten Zeit haben, mit ihren Schülern das Thema Bewerbung aufzugreifen und zu trainieren. Die **Arbeitsblätter** sind dabei neben dem **Fachunterricht** zudem z. B. in **Klassenlehrer- oder Vertretungsstunden** sowie vor dem Beginn einer neuen Unterrichtseinheit oder in den letzten Stunden vor den Ferien verwendbar.
Jede der auf den Kopiervorlagen angebotenen **15-Minuten-Einheiten** hat ein **kompetenzorientiertes Kernziel** aus den Bereichen Wissen, Verstehen oder Beurteilen, welches in den Lehrerhinweisen ausgeführt wird. Zudem wird die Motivation der Schüler, sich mit diesen Themen auseinanderzusetzen, durch **methodische Vielfalt** und **auflockernde Spiele** erhöht.
Um ein Thema – falls gewünscht – ausführlicher behandeln zu können, gibt es zusätzlich auf vielen Arbeitsblättern neben dem eigentlichen ↘ **Arbeitsauftrag** noch ★ **Zusatzaufgaben**, die erarbeitet werden können, wenn eine ganze Stunde für das Thema zur Verfügung steht, oder die als Hausaufgaben gestellt werden können. Auch durch die gemeinsame **Auswertung/Reflexion** der Arbeitsergebnisse können die Übungen vertieft werden, hierzu muss dann jedoch mehr Zeit eingeplant werden.

Inhaltlich geht es in **Kapitel 1** um das **Bewerbungsverfahren**. Die Schüler erhalten einen ersten Einblick in das Verfahren von der Berufswahl über Stellenangebote und schriftliche Bewerbung bis zum Vorstellungsgespräch. Die Berufswahlfragen, wie „Ich bin, ich kann, ich will ...?“, bilden den Beginn des Bewerbungsverfahrens und stehen daher am Anfang der Einheit. Über einen Berufsorientierungstest finden die Schüler für sie geeignete Berufsfelder. Informationsquellen zur Bewerbung und Stellenangebote werden analysiert.
In **Kapitel 2** steht die **schriftliche Bewerbung** im Vordergrund. Die Schüler analysieren, ergänzen und erstellen Anschreiben, Lebensläufe und die „Dritte Seite“. Auch geht es um Telefonanfragen in Betrieben, Initiativbewerbungen, Bewerbungsflyer, Profilcard und Stellengesuche.
**Kapitel 3** beschäftigt sich mit der **Onlinebewerbung**, die Themen dabei sind Online-Recherchen, E-Mail-Bewerbung, Bewerbungsformular und Videobewerbung. Die Schüler beschäftigen sich darüber hinaus mit Weblogs für die Bewerbung, Bewerbungshomepages und Cross-Media-Bewerbungen.
**Assessment-Center-Übungen** sind in **Kapitel 4** zu finden. Man unterscheidet dabei Allgemeinwissenstests und Persönlichkeitstests. Die Schüler üben ein Assessment-Center mit Selbstpräsentation, Testfragen, Interview, Gruppendiskussion und Rollenspielen.
**Kapitel 5** beschäftigt sich schließlich mit dem **Vorstellungsgespräch**. Es geht dabei um verschiedene Fragetypen im Vorstellungsgespräch, den Gesprächsablauf, die Körpersprache und das Auftreten. Die Schüler bekommen hier die Gelegenheit, mithilfe von Rollenspielen solche Gespräche zu trainieren.

Ich wünsche Ihnen viel Erfolg bei der Vorbereitung der Jugendlichen auf Ausbildung und Beruf!

Bildnachweis: alle Fotolia.com

**Kapitel 1**
S. 07 © JiSign
S. 10 © Kurhan
S. 12 © Christian Schwier
S. 13 © Kadmy
S. 14 © Erhan Ergin
S. 17 o. © JiSign, u. © Creativeapril
S. 19 © mipan
S. 20 © beermedia.de
S. 21 © apops

**Kapitel 2:**
S. 23 © SZ-Designs
S. 25 o. © Denis Junker, u. © thingamajiggs
S. 33 © Denis Junker
S. 36/39/51/53 © Daniel Ernst
S. 37/40 © Christoph Hähnel
S. 38 © Ingo Bartussek
S. 41 beide © Picture-Factory
S. 42 o. © Robert Kneschke, u. © Janina Dierks
S. 43 © Halfpoint
S. 47 o. © maho, u. © bunyos
S. 48 © Monkey Business
S. 54 © fovito
S. 55 © mipan

**Kapitel 3**
S. 59 © PhotographyByMK
S. 61 © MH
S. 62 © sp4764
S. 64 © massimo_g
S. 65 © Hugo Félix
S. 66 © pressmaster
S. 67 o. © Halfpoint, u. © goritza
S. 68 © mipan
S. 69 © Woodapple

**Kapitel 4**
S. 71 © Robert Kneschke
S. 73 © megakunstfoto
S. 75 © Igor Mojzes
S. 76 © Alexander Raths
S. 77 o. l. © Daniel Ernst, o. r. © Christoph Hähnel,
u. beide © Robert Kneschke
S. 78 © contrastwerkstatt
S. 81 © Simone van den Berg
S. 82 © mipan

**Kapitel 5**
S. 85 © Adam Gregor
S. 87 © belamy
S. 88 o. © Production Perig, u. © Photographee.eu
S. 89 © leksustuss
S. 90 © fotomek
S. 93 © mipan
S. 94 © DOC RABE Media

# 1. Bewerbungsverfahren

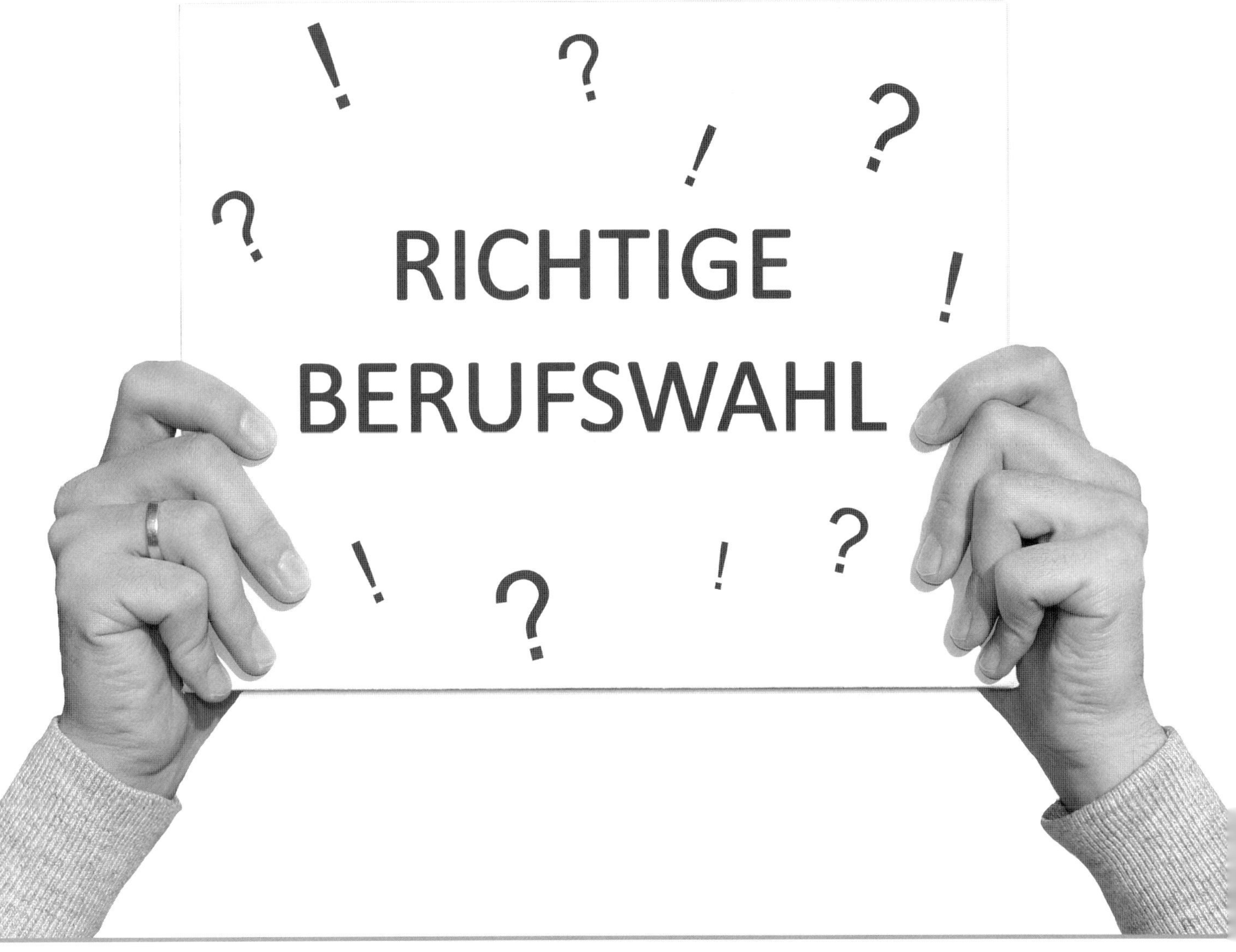

# Lehrerhinweise

Das Ziel des Arbeitsblattes **„Erste Einblicke in das Bewerbungsverfahren" (S. 9/10)** ist, dass die Schüler den **Ablauf von der Berufswahl bis zum Vorstellungsgespräch** beschreiben und diskutieren können. Es geht um Berufswahlaussagen, Stellenangebote, schriftliche Bewerbungen/Onlinebewerbungen, Assessment-Center und Vorstellungsgespräche. Mit der „Methode 66" diskutieren die Schüler in 6er-Gruppen während 6 Minuten Themen wie „Wie kommt man am besten bis zum Vorstellungsgespräch?" und „Wie kann man eine gute Bewerbung erstellen?"

Ziel des Arbeitsblattes **„Wer bin ich? – meine wichtigsten Eigenschaften" (S. 11)** ist es, die wichtigsten eigenen Eigenschaften kennenzulernen. Methodisch sollen die Schüler bei Gegensatzpaaren die wichtigsten Eigenschaften ankreuzen und weitere Gegensatzpaare in Einzelarbeit finden. Die Schüler bitten einen Klassenkameraden um seine Fremdeinschätzung und gleichen diese dann mit der Selbsteinschätzung ab. Anschließend legen sie sich auf ihre wichtigste Eigenschaft fest und überlegen, warum diese ihre größte Stärke ist.

Beim Arbeitsblatt **„Was kann ich? – fachliche Voraussetzungen" (S. 12)** interviewen die Jugendlichen einen Experten (den Lehrer) zu fachlichen Voraussetzungen für einen zukünftigen Ausbildungs- und Berufserfolg. Sie formulieren in Kleingruppenarbeit Fragen dazu. Um die Fragen beantworten zu können, sollten Sie sich über den Beruf des/r Einzelhandelskaufmanns/frau informieren, z. B. unter www.berufenet.arbeitsagentur.de. Ziel ist es, dass die Schüler sich mit ihren eigenen fachlichen Fähigkeiten auseinandersetzen.

Mithilfe von Arbeitsblatt **„Was will ich? – mein Traumberuf" (S. 13)** versuchen die Schüler, ihren Traumberuf ausfindig zu machen. Sie erstellen Collagen zu ihren Traumberufen und erläutern sie anschließend in Kleingruppen. Sie überlegen anhand der Collagen, welche Fähigkeiten man dazu benötigt, und suchen auch Alternativen zum Traumberuf.

Bei dem Arbeitsblatt **„Berufsorientierungstest" (S. 14/15)** lernen die zukünftigen Auszubildenden ihre Interessen und Stärken mit einem Berufsorientierungstest kennen. Es werden Kombinationen von Interessen und Stärken in Einzelarbeit gefunden und ausgewertet.

In Arbeitsblatt **„Infoquellen für Stellenangebote" (S. 16/17)** steht im Mittelpunkt, Infoquellen zur Bewerbung kennenzulernen und Stellenangebote zu analysieren. Dazu halten die Schüler einen 1-Minuten-Vortrag über eines der vorgegebenen Stellenangebote und die Fähigkeiten, die man für den Beruf benötigt. Sie recherchieren selbst nach weiteren Stellenangeboten und analysieren diese.

Ein **„Stellenangebot-Domino" (S. 18)** stimmt spielerisch Stellenangebote und Fähigkeiten aufeinander ab und die Schüler trainieren damit, Stellenanzeigen zu erschließen.

Mithilfe der **„Checkliste Bewerbungsverfahren" (S. 19)** überprüfen die Schüler ihr in diesem Kapitel erworbenes Wissen.

Ergänzt wird die Checkliste durch das **Spiel „Wanderung im Bewerbungsverfahren" (S. 20)**, in dem die Themen des Kapitels noch einmal spielerisch aufgegriffen und wiederholt werden. Das Spiel wird in Kleingruppen von 3–4 Schülern gespielt. Dazu kopieren Sie die Spielanleitung, den Spielplan und die Wanderkärtchen einmal für jede Gruppe. Schneiden Sie die Kärtchen auseinander. Zusätzlich benötigt jede Gruppe einen Würfel und für jeden Mitspieler einen Spielstein.

# Erste Einblicke in das Bewerbungsverfahren _1

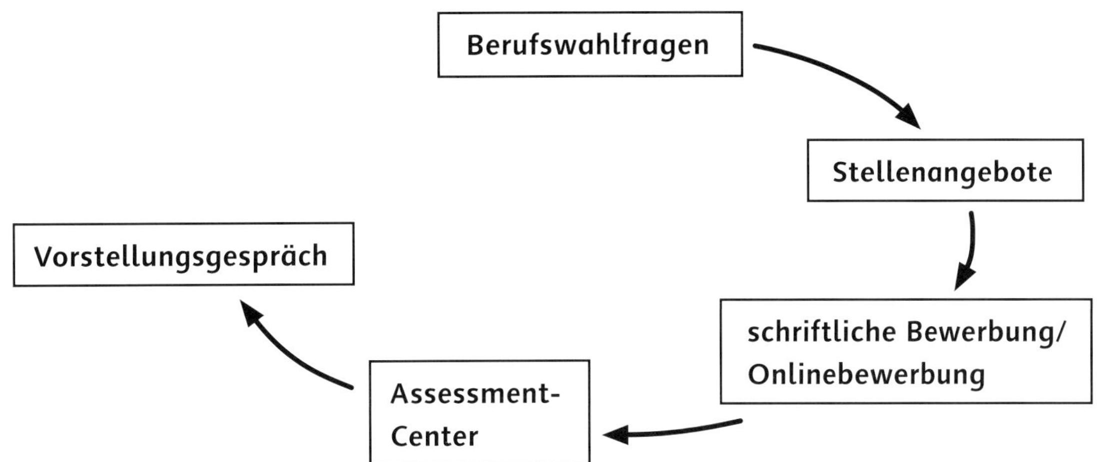


Bei der **Suche nach einem passenden Ausbildungsplatz** solltest du dir zunächst überlegen, welche Stärken du hast und welcher Beruf für dich passend sein könnte.
Mithilfe der **Berufswahlfragen** „Wer bin ich?", „Was kann ich?", „Was will ich?" kannst du z. B. eine Auswahl treffen:
Zur Frage **„Wer bin ich?"** kannst du dir deine wichtigsten Eigenschaften (z. B. Kontaktfreudigkeit, Gewissenhaftigkeit, Fantasie ...) überlegen und Familienmitglieder, Freunde, Bekannte und Klassenkameraden dazu befragen. Deine fachlichen Voraussetzungen erklärst du mit der Frage **„Was kann ich?"**. Dazu beantwortest du dir folgende Fragen: Welche Fächer interessieren dich? Hast du handwerkliche, technische oder künstlerische Fähigkeiten? Welche Hobbys hast du? Mit der Frage **„Was will ich?"** bestimmst du deinen Traumberuf. Ganz oben auf der Liste der Traumberufe stehen bei Mädchen Bankkauffrau und bei Jungen Kfz-Mechatroniker. Und was möchtest du gern?
Wenn du dich mit deinen Eigenschaften, fachlichen Voraussetzungen und deinem Traumberuf etwas auskennst, kannst du **nach Stellenangeboten recherchieren**. Sie sind meist in die Kategorien „Wir bieten ..." und „Wir erwarten ..." gegliedert.

Hast du ein passendes Angebot gefunden, erstellst du eine **schriftliche Bewerbung** mit Deckblatt, Anschreiben, Lebenslauf, Dritter Seite und Zeugnissen. Immer häufiger wird eine **Onlinebewerbung** verlangt, bei der du die technischen Voraussetzungen kennen solltest. Bei großen Unternehmen wirst du, wenn deine Bewerbung passend ist, zu einem **Assessment-Center** gebeten. Bei so einem Entscheidungsverfahren für Bewerber nimmst du an Übungen zur Selbstpräsentation, einem Interview, an Testfragen, einer Gruppendiskussion und einem Rollenspiel teil.
Hast du bis hierher alle Hürden genommen, steht dir das **Vorstellungsgespräch** bevor. Es kommt darin neben der souveränen Beantwortung der Bewerbungsfragen auch auf Körpersprache, Haltung, Auftreten, Mimik, Gestik und Stimme/Stimmlage an. Du solltest dich also auf so ein Gespräch gut vorbereiten.

# Erste Einblicke in das Bewerbungsverfahren_2

## Methode 66

Bei der Methode 66 diskutiert ihr eine bestimmte Frage in 6er-Gruppen innerhalb 6 Minuten. Anschließend erstattet ihr in der Großgruppe Bericht. Der Ablauf der Methode 66 ist folgendermaßen:

→ Bildet 6er-Gruppen, beispielsweise nach Lieblingsfarben oder Lieblingstieren.
→ Wählt einen Schüler in der Gruppe zum „Zeitwächter". Er achtet auf die Zeitvorgabe von 6 Minuten.
→ Bestimmt zudem einen Diskussionsleiter.
→ Sucht euch das Thema aus, das ihr in der Gruppe diskutieren wollt.
→ Auf das Zeichen des Zeitwächters hin beginnt die Diskussion. Der Diskussionsleiter macht sich Notizen und greift ggf. ein, wenn Gesprächsregeln nicht eingehalten werden. Der Zeitwächter kündigt die letzten 30 Sekunden an und schließt danach die Diskussion.
→ In der Großgruppe erstatten die Diskussionsleiter Bericht über den Verlauf und die Ergebnisse der Diskussion in den Kleingruppen.

↘ **Aufgabe**

**Setzt euch in 6er-Gruppen zusammen. Diskutiert mit der Methode 66 eine der folgenden Fragen:**

- **Wie kommt man am besten bis zum Vorstellungsgespräch?**
- **Wer kann bei einer Bewerbung helfen?**
- **Wie kann man eine gute Bewerbung erstellen?**
- **Wie bereitet man sich auf ein Assessment-Center vor?**
- **Worauf kommt es bei einem Vorstellungsgespräch an?**

**Zusatzaufgabe**

**Beschreibe einem Partner das Bewerbungsverfahren von den Berufswahlaussagen bis zum Vorstellungsgespräch in eigenen Worten. Der Zuhörer kann nachfragen, wenn er etwas nicht verstanden hat oder weitere Informationen, die in den Kleingruppen diskutiert wurden, erhalten möchte. Wechselt anschließend die Rollen.**

# Wer bin ich? – meine wichtigsten Eigenschaften

Um einen zu dir passenden Beruf zu finden, ist es wichtig, seine **eigenen Eigenschaften** zu kennen. Aber auch im Vorstellungsgespräch ist es meistens so, dass du zu deinen **wichtigsten Eigenschaften** befragt wirst. Daher solltest du dir darüber vorher in Ruhe Gedanken machen:
**Was zeichnet dich aus? Was sind deine Stärken und Schwächen?**
Es kann hilfreich sein, wenn du auch **Freunde** und **Verwandte** um eine Einschätzung bittest. Vielleicht erfährst du noch etwas mehr über dich und erhältst Informationen darüber, wie dich andere Menschen wahrnehmen. Diese **Fremdeinschätzung** kann deine Selbsteinschätzung gut ergänzen.

## Selbsteinschätzung/Fremdeinschätzung

| | | | | | | | | | | |
|---|---|---|---|---|---|---|---|---|---|---|
| nicht kontaktfreudig | | | | | | | | | | kontaktfreudig |
| | | | | | | | | | | |
| nicht gewissenhaft | | | | | | | | | | gewissenhaft |
| | | | | | | | | | | |
| nicht fantasievoll | | | | | | | | | | fantasievoll |
| | | | | | | | | | | |
| nicht ausdauernd | | | | | | | | | | ausdauernd |
| | | | | | | | | | | |
| nicht pünktlich | | | | | | | | | | pünktlich |
| | | | | | | | | | | |
| nicht freundlich | | | | | | | | | | freundlich |
| | | | | | | | | | | |
| ........................................ | | | | | | | | | | ........................................ |
| | | | | | | | | | | |
| ........................................ | | | | | | | | | | ........................................ |
| | | | | | | | | | | |
| ........................................ | | | | | | | | | | ........................................ |
| | | | | | | | | | | |

### Aufgaben

1. **Kreuze bei den Gegensatzpaaren auf der Skala von 1 bis 9 jeweils in der ersten Zeile deine Selbsteinschätzung zu den Eigenschaften an.**
2. **Finde weitere drei Gegensatzpaare und schätze dich ein.**
3. **Bitte einen Klassenkameraden um seine Einschätzung zu deinen wichtigsten Eigenschaften und lasse ihn die Skala in der zweiten Zeile für die Fremdeinschätzung ausfüllen.**
4. **Überlege dir: Was ist deine wichtigste Eigenschaft und warum?**

# Was kann ich? – fachliche Voraussetzungen

Für eine Bewerbung und im Bewerbungsverfahren sind neben deinen Fähigkeiten auch deine **fachlichen Voraussetzungen** von Bedeutung. Um diese richtig einzuschätzen, solltest du überlegen: Für welche Fächer interessiert du dich? Hast du handwerkliche, technische oder künstlerische Fähigkeiten? Welche Hobbys hast du?
Solche fachlichen Fähigkeiten sind z. B. mündliches Ausdrucksvermögen, schriftliches Ausdrucksvermögen und technisches Verständnis. Mündliches und schriftliches Ausdrucksvermögen sind z. B. für Kaufleute im Einzelhandel von Bedeutung, technisches Verständnis ist für Kfz-Mechatroniker eine wichtige Voraussetzung.

Von Industriekaufleuten wird dagegen unternehmerisches Denken erwartet, von Mediengestaltern Computerkenntnisse, von Hotelfachleuten gute Noten in Fremdsprachen usw.

## Experteninterview

- → Bei diesem Interview befragst du einen Experten – dies kann auch der Lehrer sein – mithilfe eines Fragenkatalogs. Diesen erarbeitet ihr in Kleingruppen.
- → Reihum stellt nun ein Mitglied jeder Gruppe dem Experten eine Frage, die er möglichst genau beantwortet. Ihr könnt die Fragen auch auf Kärtchen schreiben und der Experte zieht eine Karte, deren Frage er dann beantwortet.
- → Ein Schüler pro Gruppe schreibt die Antworten des Experten mit. Am Ende des Interviews fasst ihr die Antworten des Experten in der Gruppe noch einmal kurz zusammen.

↘ Aufgabe

**Überlegt euch in Kleingruppen Fragen für ein Experteninterview zu dem Ausbildungsberuf Kaufmann/-frau im Einzelhandel. Interviewt euren Lehrer als Experten zu den fachlichen Voraussetzungen für einen möglichen Ausbildungs- und Berufserfolg.**

Beispiele:

- Bei welchen Tätigkeiten braucht man als Kaufmann im Einzelhandel mündliches Ausdrucksvermögen?
- Wie wichtig ist schriftliches Ausdrucksvermögen?

Zusatzaufgabe

**Erstellt eine Liste mit weiteren fachlichen Voraussetzungen. Wählt mehrere Berufe aus, die euch interessieren, und überlegt, welche Fähigkeiten von der Liste dafür wichtig sind.**

# Was will ich? – mein Traumberuf

Wenn du dich mit einer Bewerbung und dem Bewerbungsverfahren beschäftigst, solltest du dir auch die Berufswahlfrage nach deinem **Traumberuf** stellen. Was gefällt dir an einem Beruf? Geld, Unabhängigkeit oder die Arbeit mit interessanten Leuten?
Die Zeitschrift „Eltern" hat Kinder und Jugendliche zu ihren Berufswünschen befragt. Ergebnis der **Umfrage** sind je zehn Traumberufe für Mädchen und Jungen *(www.eltern.de/schulkind/grundschule/umfrage-traumberuf.html)*. Mädchen interessieren sich danach vor allem für die Berufe Bankkauffrau, Tierärztin, Tierpflegerin, Lehrerin, Krankenpflegerin, Friseurin, Musikerin und Kindergärtnerin. Jungen haben vor allem Interesse an Kfz-Mechatroniker, Bankkaufmann, Fußballprofi, Ingenieur, Forscher, Informatiker und Koch.

Auch bei einem Traumberuf kommt es darauf an, dass dieser deinen **Eigenschaften und Fähigkeiten** entspricht. Nutze deshalb neben den Informationen über einen Job von der Arbeitsagentur (z. B. unter *www.berufenet.arbeitsagentur.de*) immer wieder auch Gespräche mit Klassenkameraden, Freunden und deiner Familie, um deinen Traumberuf zu finden.

## Collage

Bei einer Collage schneidest du passende Bilder aus Zeitschriften zu einem vorgegebenen Thema aus und klebst sie auf einem Plakat auf. Besonders anschaulich kannst du sie mit zusätzlichen Fotos, Karikaturen, Schaubildern und „Slogans" gestalten. Zum Schluss gibst du ihr eine Überschrift.
Anschließend stellst du die Collage in der Großgruppe vor.

**Aufgabe**

**Stelle eine Collage zum Thema „Traumberuf" zusammen. Mache dir dazu zunächst Gedanken über die folgenden Fragen:**

- **Welcher Traumberuf gefällt mir?**
- **Welche Fähigkeiten benötige ich dafür?**
- **Welche anderen Berufe kommen auch für mich infrage?**
- **Wie kann der Arbeitsplatz in meinem Traumberuf aussehen?**
- **Was verdiene ich in meinem Traumberuf und was kann ich mir damit leisten?**
- **In welcher Stadt kann ich meinen Traumberuf ausüben?**
- **Mit wem arbeite ich in meinem Traumberuf zusammen?**
- **Was kann ich in meinem Traumberuf werden?**

**Zusatzaufgabe**

**Stellt euch in Kleingruppen je drei Berufe vor, die für euch Traumberufe sind, und begründet, was euch an diesen Berufen gefällt. Gleicht im gemeinsamen Gespräch ab, ob eure Traumberufe auch euren Fähigkeiten entsprechen. Welcher andere Beruf passt noch zu euch und euren Fähigkeiten/Eigenschaften?**

# Berufsorientierungstest _1

Für die Wahl eines Berufes kann ein **Berufsorientierungstest** hilfreich sein. Mit ihm kannst du deine Stärken und Interessen herausfinden. **Stärken** können z. B. in den Bereichen Sprache, Zahlen, Sport, Basteln, Technik, Malen, soziales Engagement und Kommunikation liegen. Zu den **Interessen** zählen Umgang mit Menschen, soziale Aufgaben und technische Anwendungen. Auch kann man sich für Computer und Daten, Bücher und Medien, Musik, Naturwissenschaften und Organisation interessieren.
Aus der **Kombination von deinen Stärken und Interessen** ergibt sich ein für dich passendes Berufsfeld, wie z. B. handwerklicher Bereich, Naturwissenschaften oder Verwaltung.

| *Interessen* / *Stärken* | Umgang mit Menschen | soziale Aufgaben | technische Anwendungen | Computer/ Daten | Bücher/Medien | Musik/Kunst | Naturwissen-schaften | Organisation/ Planen |
|---|---|---|---|---|---|---|---|---|
| **Sprache** | | | | | | | | |
| **Zahlen** | | | | | | | | |
| **Sport/ Bewegung** | | | | | | | | |
| **Basteln/ Handarbeit/ Kochen** | | | | | | | | |
| **Technik/ Reparieren/ Bauen** | | | | | | | | |
| **Malen/ Musizieren** | | | | | | | | |
| **Soziales Engagement/ Helfen** | | | | | | | | |
| **Kontakt/ Kommunika-tion/Schreiben** | | | | | | | | |

# Berufsorientierungstest_2

## Aufgaben

1. In der senkrechten Spalte der Tabelle Berufsorientierungstest sind Stärken und in der waagrechten Zeile Interessen angeordnet. Wähle vier Kombinationen von Interessen und Stärken.

| Kombination 1 | Kombination 2 |
|---|---|
| Kombination 3 | Kombination 4 |

2. Werte anhand der Symbole aus, in welchem Bereich dein zukünftiger Beruf liegen könnte: Je häufiger ein Symbol in deiner Auswahl vorkommt, desto besser passt das Berufsfeld zu dir. Hier findest du die Erklärung für die Symbole:

**Bau/Architektur/Vermessung, Metall/Maschinenbau, Produktion/Fertigung, Elektro;** z. B. Maler/in und Lackierer/in, Kfz-Mechatroniker/in, Tischler/in

**Soziales/Pädagogik;**
z. B. Altenpfleger/in, Gesundheits- und Krankenpfleger/in, Diätassistent/in

**Gesundheit, Landwirtschaft/Natur/Umwelt, Naturwissenschaften;**
z. B. Hebamme/Entbindungspfleger, medizinischer Fachangestellte/r, medizinisch-technische/r Laborassistent/in, Gärtner/in

**IT/Computer, Technik/Technologiefelder, Verkehr/Logistik;**
z. B. Fachinformatiker/in, Fachkraft Lagerlogistik

**Dienstleistung, Wirtschaft/Verwaltung;**
z. B. Kaufmann/-frau – Einzelhandel, Hotelfachmann/-frau, Verwaltungsfachangestellte/r, Bankkaufmann/-frau

**Medien, Gesellschafts-/Geisteswissenschaften;**
z. B., Dolmetscher/in/Übersetzer/in, Mediengestalter/in Digital und Print, Kameramann/-frau

**Kunst/Kultur/Gestaltung;**
z. B. Maskenbildner/in, Textil- und Modeschneider/in, Designer/in – Grafik

1. ……………………………………………………………………

2. ……………………………………………………………………

3. Passt das Ergebnis deiner Meinung nach zu dir? Für welche Kombination von Interessen und Stärken und für welches Berufsfeld interessierst du dich am meisten und warum?

# Infoquellen für Stellenangebote_1

Um einen passenden Betrieb für deine Ausbildung zu finden, solltest du dich mit verschiedenen **Informationsquellen für Stellenangebote** beschäftigen. Diese Quellen sind z. B. Online-Ausbildungsplatzangebote, die Jobbörse der Agentur für Arbeit, Regionalzeitungen und die Homepages großer Unternehmen.
Die **Stellenangebote sind meist untergliedert** in „Wir bieten ..." (hier wird v. a. erläutert, was für Tätigkeiten die angebotene Stelle beinhaltet) und „Wir erwarten ..." (hier wird angegeben, welche Voraussetzungen ein Bewerber mitbringen sollte). Auch das Unternehmen kann kurz vorgestellt sein.

Hast du ein Stellenangebot gefunden, das dich interessiert, dann solltest du es **analysieren** und überlegen, welche Eigenschaften und Fähigkeiten du für die Stelle benötigst. Anschließend kannst du **abgleichen**, ob du diese Eigenschaften, beispielsweise Zuverlässigkeit, Ausdauer, technisches Verständnis und Freundlichkeit, besitzt und ob du die gewünschten Fähigkeiten oder Voraussetzungen, z. B. ein bestimmter Schulabschluss, erfüllst.
Es kann daher **längere Zeit** in Anspruch nehmen, ein passendes Stellenangebot zu finden.

*Stellenangebot 1:*
**Online-Ausbildungsplatzangebot**

Die **Frohsinn GmbH** sucht zum 1. September drei Auszubildende zum/zur Kfz-Mechatroniker/in. Wir sind ein modernes und zeitgemäßes Unternehmen. Zu Ihren Aufgaben zählen die Reparatur und Instandhaltung von Fahrzeugen aller Art. Unsere Auszubildenden arbeiten im Team und haben technisches Verständnis. Sie sind freundlich, hilfs- und lernbereit.

*Stellenangebot 2:*
**Agentur für Arbeit**

Zum 1. September sucht die **Pack an AG** eine/n Auszubildende/n zur/zum Tierpfleger/in. Ihre Aufgaben sind die Pflege aller unserer Tierarten. Wir bieten ein gutes Team und die Vorteile eines großen Unternehmens, wie angemessene Bezahlung und einen sicheren Arbeitsplatz. Wir erwarten Zuverlässigkeit und Ausdauer.

*Stellenangebot 3:*
**Regionalzeitung**

Die **Viel Arbeit GmbH** sucht zum 1. September zwei Auszubildende zum/zur Industriekaufmann/-frau. Zu Ihren zukünftigen Tätigkeiten gehören Aufgaben in der Buchhaltung, im Einkauf und Verkauf. Als Auszubildende/r sind Sie gewissenhaft, lernbereit und freundlich. Sie haben gute Noten in Wirtschaft und Sprachen.

*Stellenangebot 4:*
**Homepage großer Unternehmen**

Zum 1. September sucht die **Viel zu tun AG** drei Auszubildende zum/zur Bankkaufmann/-frau. Zu Ihren Aufgaben zählen die vielfältigen betriebswirtschaftlichen Geschäftsprozesse einer Bank. Als Auszubildende/r sollten Sie mit Zahlen umgehen können, serviceorientiert sein und mit anderen Menschen in Kontakt treten können.

# Infoquellen für Stellenangebote_2

**Aufgabe**
**Überlegt euch in Kleingruppenarbeit zu jedem der aufgeführten Stellenangebote, welche Fähigkeiten ihr dazu braucht. Bereitet einen 1-Minuten-Vortrag zu einem der Stellenangebote und den dazu benötigten Eigenschaften und Fähigkeiten vor. Wählt einen Sprecher in der Gruppe aus, der den Vortrag hält.**

## 1-Minuten-Vortrag

- → Bei einem 1-Minuten-Vortrag überlegt ihr euch in Kleingruppen Stichpunkte zu einem Thema und schreibt diese auf einen Zettel.
- → Der geplante Vortrag beginnt mit einer Einleitung, der ein Hauptteil mit Zahlen, Fakten und Informationen folgt. Am Ende steht ein knackiger Schlusssatz. Ordnet eure Stichpunkte diesen Abschnitten zu.
- → Wählt einen Sprecher aus. Dieser probt den Vortrag vor der Gruppe. Die Zuhörer geben Tipps, wie der Vortrag verbessert werden kann.
- → Der Sprecher hält den Vortrag vor der Großgruppe. Danach können die Mitschüler ihre Meinung dazu äußern.

**Zusatzaufgabe**
**Recherchiere im Internet nach Stellenangeboten und gib bei einer Suchmaschine „Ausbildungsplatz", deinen Wunschberuf und deinen Wohnort ein. Überlege auch, welche Eigenschaften und Fähigkeiten man für die Stelle benötigt und inwieweit du diese hast.**

## Internetrecherche

- → Für eine Internetrecherche suchst du zuerst wichtige Begriffe zu der Angelegenheit, über die du recherchieren willst.
- → Zerlege dazu das Thema in Unterthemen und suche so nach wichtigen Wörtern und Begriffen, die die Suche genauer und einfacher machen.
- → Die gefundenen Begriffe gibst du bei einer Suchmaschine ein und schaust dir die Ergebnisse an: Welche enthalten wichtige Informationen? Welche können dir weiterhelfen?
- → Drucke dir die wichtigsten Suchergebnisse ggf. aus. Anschließend bearbeitest du die Ausdrucke mit Textmarker und fasst sie mit eigenen Worten zusammen.

# Stellenangebot-Domino

**Aufgabe**
**Schneide das Domino aus und spiele es mit einem Partner: Mischt die „Steine“ und verteilt sie an die zwei Mitspieler. Der Spieler mit dem „Start“-Stein legt diesen als ersten aus. Abwechselnd legt ihr dann eure Steine sinnvoll an.**

Beispiel:
Der Stein „Kfz-Mechatroniker“ kann an den Stein „Eigenschaft/Fähigkeit: Teamfähigkeit“ angelegt werden. Dabei müsst ihr euch ggf. über die richtigen Steine einigen (passt die Fähigkeit wirklich zum Beruf?). Wer zuerst alle Steine richtig angelegt hat, hat gewonnen.

| | |
|---|---|
| ***Start*** | Eigenschaft/Fähigkeit: **Teamfähigkeit** |
| **Kfz-Mechatroniker/in** | Eigenschaft/Fähigkeit: **Zuverlässigkeit** |
| **Tierpfleger/in** | Eigenschaft/Fähigkeit: **Gewissenhaftigkeit** |
| **Industriekaufmann/-frau** | Eigenschaft/Fähigkeit: **Kontaktfreudigkeit** |
| **Bankkaufmann/-frau** | Eigenschaft/Fähigkeit: **Kreativität** |
| **Maskenbildner/in** | Eigenschaft/Fähigkeit: **technisches Verständnis** |
| **IT-Systemelektroniker/in** | Eigenschaft/Fähigkeit: **handwerkliches Geschick** |
| **Augenoptiker/in** | Eigenschaft/Fähigkeit: **Sorgfalt** |
| **Steuerfachangestellte/r** | Eigenschaft/Fähigkeit: **Organisationsfähigkeit** |
| **Veranstaltungskaufmann/-frau** | Eigenschaft/Fähigkeit: **Entscheidungsfähigkeit** |

# Checkliste Bewerbungsverfahren

Bei einer **Bewerbung** und im **Bewerbungsverfahren** beschäftigst du dich mit **Fragen** wie „Was sind meine wichtigsten Eigenschaften?", „Welche fachlichen Voraussetzungen habe ich?" und „Was ist mein Traumberuf?". Auch analysierst du **Informationsquellen** für Bewerbungen und sichtest **Stellenangebote**. Vielleicht kennst du dich auch schon etwas mit der schriftlichen Bewerbung, einem Assessment-Center und Vorstellungsgesprächen aus.
Die folgende Checkliste kann dir helfen, eine **Übersicht** darüber zu bekommen, was du schon vom Bewerbungsverfahren kennst.

## Checkliste Bewerbungsverfahren

- ☐ Ich kenne die Berufswahlfragen.
- ☐ Ich kenne meine wichtigen Eigenschaften.
- ☐ Ich kenne meine fachlichen Voraussetzungen.
- ☐ Ich kenne meine Kombinationen aus Interessen und Stärken.
- ☐ Ich kenne die Berufsfelder, die mir am besten entsprechen.
- ☐ Mein Traumberuf ist: ........................................
- ☐ Die Alternative/n zum Traumberuf ist/sind: ........................................
- ☐ Ich habe Informationsquellen für Stellenangebote gefunden.
- ☐ Ich kenne Stellenangebote und kann sie analysieren.
- ☐ Ich kann das Bewerbungsverfahren von den Berufswahlfragen bis zum Vorstellungsgespräch beschreiben.

**Aufgabe**

**Kreuze in der Checkliste an, was du schon weißt und worüber du dich informiert hast.**

# Wanderung im Bewerbungsverfahren_1

**Material**
Ihr braucht:
→ ein Spielfeld
→ einen Satz Wanderkärtchen
→ Spielfiguren
→ einen Würfel

**Spieler**
3–4 Spieler je Spielfeld

**Spielbeschreibung**
Bei dem Spiel begebt ihr euch auf eine Wanderung durch das Berufswahlverfahren von den Berufswahlfragen bis zum Vorstellungsgespräch. Stellt eure Spielfiguren auf das Startfeld. Es beginnt der Spieler, der als Erstes eine Sechs gewürfelt hat. Er würfelt noch einmal und zieht mit seiner Spielfigur die entsprechende Anzahl Felder vor. Danach würfeln und ziehen die Spieler im Uhrzeigersinn. Landet ihr auf bestimmten Feldern, müsst ihr folgende Aktionen ausführen:

→ Steht ihr auf einem Tippfeld (**T**), müsst ihr spontan drei Tipps für eine gute Bewerbung nennen. Sind diese richtig (die Mitspieler entscheiden), darf der Spieler fünf Felder vorziehen. Kann er keine drei Tipps nennen oder wurde einer vorher schon genannt, muss er drei Felder zurückziehen.
→ Landet ihr auf den Brückenfeldern (**B**) dürft ihr den Weg gemäß den Pfeilen abkürzen, bzw. müsst ihr eure Spielfigur wieder auf das erste Feld zurückziehen.
→ Bei den Wanderfeldern (**W**) müsst ihr Fragen beantworten: Dazu zieht ihr ein Wanderkärtchen und gebt es einem Mitspieler (ohne darauf zu gucken!). Dieser liest die Frage vor. Kann der Spieler, der die Karte gezogen hat, richtig antworten, darf er die angegebene Zahl Felder vorrücken (wobei er die Aktionen ausführen muss, sollte er auf einem Feld mit einem Buchstaben landen). Ist die Antwort falsch, muss er zurück auf das letzte Wanderfeld (braucht aber hier keine Karte zu ziehen).
→ Kommt ein Spieler auf ein Rastfeld (**R**), muss er einmal aussetzen.

Gewinner ist, wer zuerst am Ziel, dem Vorstellungsgespräch, angekommen ist.

**Zusatzaufgabe**
**Sammelt die Tipps für eine gute Bewerbung, indem ihr sie auf einem Notizzettel aufschreibt, und wertet sie in der Großgruppe später aus.**

# Wanderung im Bewerbungsverfahren_2

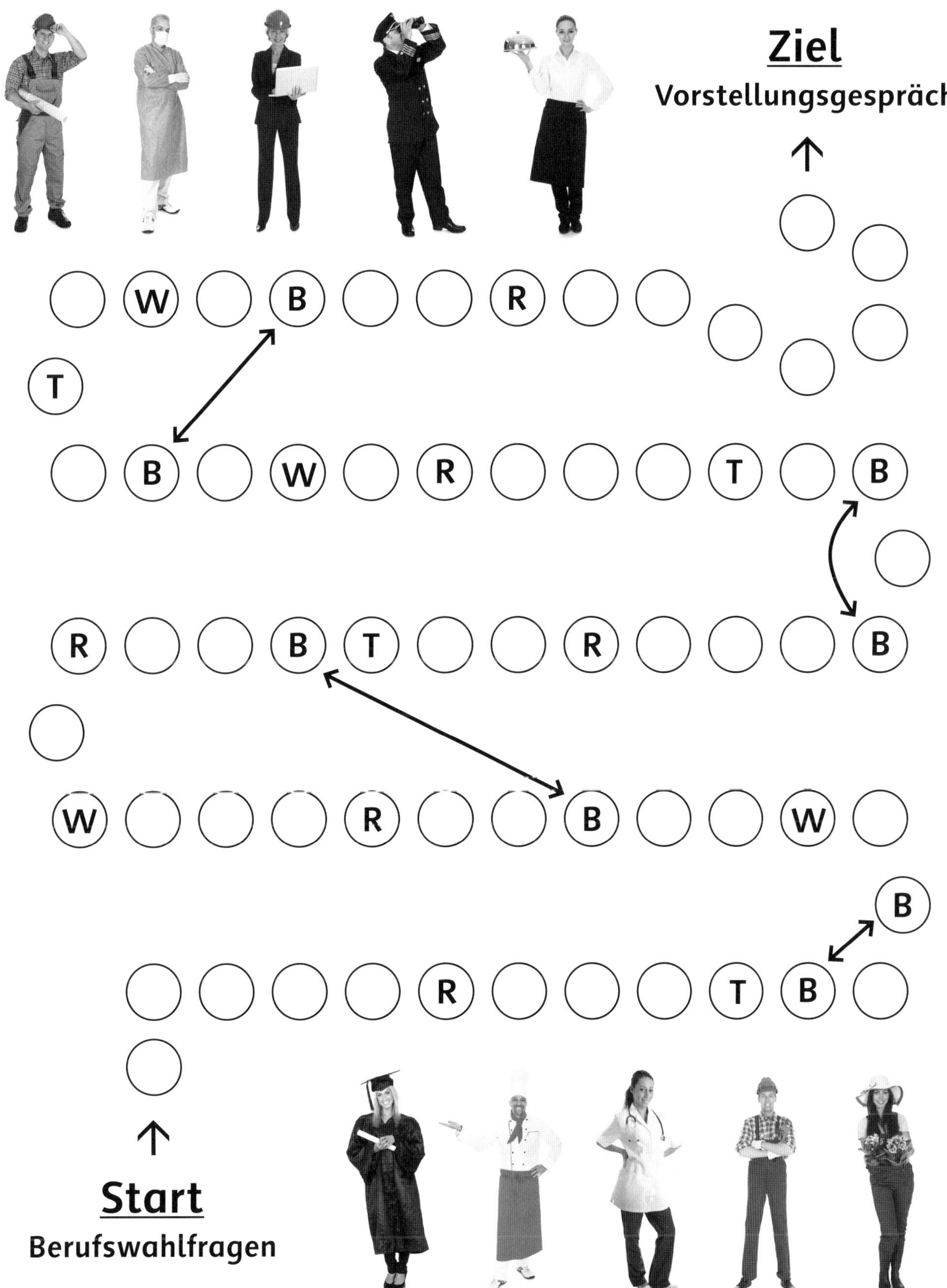

# Wanderung im Bewerbungsverfahren_3

## Wanderkärtchen

**Ist Kontaktfreudigkeit eine wichtige Eigenschaft oder eine fachliche Voraussetzung für einen Beruf?**

*Lösung:* eine wichtige Eigenschaft (drei Felder vor)

**Was ist eine fachliche Voraussetzung für einen Ausbildungsberuf: Fremdsprachenkenntnisse, Durchsetzungsfähigkeit oder Organisationstalent?**

*Lösung:* Fremdsprachenkenntnisse (vier Felder vor)

**Welche Eigenschaften benötigst du für den Beruf Koch/Köchin? Nenne mindestens zwei.**

*Lösung:* Eigeninitiative, Durchsetzungsfähigkeit, Kreativität, Sorgfalt, Ordentlichkeit, Teamfähigkeit, Geschicklichkeit (fünf Felder vor)

**Nenne mindestens vier Berufsfelder.**

*Lösung:* Bau/Architektur/Vermessung, Dienstleistung, Elektro, Gesellschafts-/Geisteswissenschaften, Gesundheit, IT/Computer, Kunst/Kultur/Gestaltung, Landwirtschaft/Natur/Umwelt, Medien, Metall/Maschinenbau, Naturwissenschaften, Produktion/Fertigung, Soziales/Pädagogik, Technik/Technologiefelder, Verkehr/Logistik, Wirtschaft/Verwaltung (drei Felder)

**Welche vier Infoquellen für Stellenangebote gibt es?**

*Lösung:* Online-Ausbildungsplatzangebote, Jobbörse der Agentur für Arbeit, Regionalzeitungen, Homepages großer Unternehmen (vier Felder vor)

**Womit beginnt das Bewerbungsverfahren?**

*Lösung:* mit den Berufswahlaussagen/-fragen (fünf Felder vor)

**Womit endet das Bewerbungsverfahren?**

*Lösung:* mit dem Vorstellungsgespräch (drei Felder vor)

**Worauf muss man bei einem Stellenangebot achten?**

*Lösung:* darauf, dass die gewünschten Fähigkeiten und Voraussetzungen den eigenen entsprechen (vier Felder vor)

**Woraus besteht eine schriftliche Bewerbung?**

*Lösung:* Deckblatt, Anschreiben, Lebenslauf, Dritte Seite, Zeugnisse (fünf Felder vor)

**Was ist ein Assessment-Center?**

*Lösung:* ein Entscheidungsverfahren für Bewerber, bei dem unterschiedliche Übungen durchlaufen werden (drei Felder vor)

**Vervollständige den Satz. „Im Vorstellungsgespräch kommt es auf … an." Nenne mindestens drei Begriffe.**

*Lösung:* souveräne Beantwortung der Bewerbungsfragen, Mimik, Körpersprache, Haltung, Gestik, Auftreten, Stimme/Stimmlage (vier Felder vor)

**Zu welchen Berufsfeldern gehören medizinische/r Fachangestellte/r und Fachinformatiker/in**

*Lösung:* Gesundheit und IT/Computer (fünf Felder vor)

# 2. Schriftliche Bewerbung

# Lehrerhinweise

Das Ziel des Arbeitsblattes **„Das Anschreiben" (S. 25/26)** ist es, die **Bestandteile des Anschreibens einer Bewerbung** kennenzulernen. Die Schüler prägen sich die einzelnen Teile mithilfe eines Pärchen-Spiels ein.
Beim Arbeitsblatt **„Das Anschreiben von Frank Mekle" (S. 27/28)** steht als Lernziel im Vordergrund, ein individuelles **Anschreiben auf Fehler zu analysieren und zu korrigieren**. Spielerisch werden zudem mit einem **„Anschreiben-Quartett" (S. 29–31)** die formalen Anforderungen eines Anschreibens ein weiteres Mal eingeübt.
Ziel des Arbeitsblattes **„Das Anschreiben von Veronica Hufstedt" (S. 32/33)** ist es, ein **Anschreiben einer Schülerin überzeugend zu erstellen**. Dazu vervollständigen die Schüler Sätze des Anschreibens und überlegen sich verschiedene Formulierungen.
Beim Arbeitsblatt **„Ein Anschreiben zum Selberbauen" (S. 34/35)** geht es darum, **Bestandteile eines Anschreibens in die richtige Reihenfolge zu bringen und sinnvoll zu ergänzen**.
Im Vordergrund der Seite **„Das Deckblatt" (S. 36/37)** steht, die **Gestaltung eines Deckblattes zu erarbeiten und zu bewerten**.
Mithilfe des Arbeitsblattes **„Ein Deckblatt puzzeln" (S. 38)** wird überprüft, ob die Schüler die Gestaltung verinnerlicht haben.
Bei den Arbeitsblättern **„Lebenslauf" (S. 39)** und **„Der Lebenslauf von Veronica Hufstedt" (S. 40) lernen die Schüler den Lebenslauf und seine Teile als Bestandteil der schriftlichen Bewerbung kennen**. Dazu ergänzen bzw. erstellen die Schüler einen Lebenslauf nach einer vorgegebenen Vorlage.
**Fotos für den Lebenslauf vergleichen** sie auf dem Arbeitsblatt **„Das Bewerbungsfoto" (S. 41/42)** und diskutieren, welches einen Personalverantwortlichen am meisten überzeugen würde.
Bei den Arbeitsblättern **„Die Dritte Seite" (S. 43)**, **„Die Dritte Seite von Frank Mekle" (S. 44)** und **„Die Dritte Seite von Veronica Hufstedt" (S. 45/46)** geht es darum, **die Dritte Seite einer Bewerbung kennenzulernen**. Dazu halten die Schüler einen 1-Minuten-Vortrag, erstellen selbst eine Dritte Seite und spielen ein Auswahlquiz. Geben Sie Ihren Schülern den Hinweis, dass eine Dritte Seite nicht bei jeder Bewerbung nötig ist.
Mithilfe der Seite **„Anlagenverzeichnis, Zeugnisse und Arbeitsproben" (S. 47)** erarbeiten die Schüler in Kleingruppen **Fragen zu den Anlagen** und beantworten sie sich gegenseitig. Das Fragen nach einem Ausbildungsplatz am Telefon üben sie mit einem **Rollenspiel** auf der Seite **„Telefonanfragen nach einem Ausbildungsplatz" (S. 48)**. Sich bei einem Unternehmen selbst ins Gespräch zu bringen, üben die Schüler mithilfe der Arbeitsblätter **„Die Initiativbewerbung von Frank Mekle" (S. 49)** und **„Initiativbewerbungen formulieren" (S. 50)**. Dort formulieren sie Anschreiben zu Initiativbewerbungen nach Vorlagen bzw. für zwei fiktive Schüler.
Lernziel der Arbeitsblätter **„Der Bewerbungsflyer" (S. 51/52)** und **„Die Profilcard" (S. 53)** ist es, die **Bestandteile dieser besonderen Art der Bewerbung kennenzulernen**, indem die Schüler eigene Muster skizzieren. Bei dem Arbeitsblatt **„Das Stellengesuch" (S. 54)** erstellen die Schüler aus Stichpunkten eine eigene Stellenanzeige.
Mithilfe der **„Checkliste zur schriftlichen Bewerbung" (S. 55)** überprüfen die Schüler ihr Wissen. Das Spiel **„Bewerbungs-Würfeln" (S. 56–58)** rundet das Kapitel ab, indem mit Fragen die Themen des Kapitels noch einmal spielerisch aufgegriffen und wiederholt werden. Das Spiel wird in Kleingruppen von 3–4 Schülern gespielt. Dazu kopieren Sie die Spielanleitung, den Spielplan und die Lösungskärtchen einmal für jede Gruppe. Zusätzlich benötigt jede eine Schere, einen Stift und einen Würfel.

# Das Anschreiben _1

Wenn du dich schriftlich bewerben möchtest, solltest du zuerst ein **interessantes Anschreiben** formulieren. Dieses besteht zunächst aus Absender, Empfänger, Ort, Tag, Monat und Jahreszahl sowie der Betreffzeile. Bei dem **Absender** solltest du deinen Vor- und Familiennamen, Adresse, Telefonnummer und E-Mail-Adresse angeben. Der **Empfänger** ist der Betrieb, die Agentur oder das Unternehmen, bei dem du dich bewerben möchtest. Du solltest beim Empfänger den Namen des Ansprechpartners, der z. B. in einer Stellenanzeige aufgeführt wird, oder die Personalabteilung nennen. Auch die Adresse des Betriebes/der Agentur/des Unternehmens muss korrekt auf dem Anschreiben stehen. **Ort, Tag, Monat und Jahreszahl** kannst du rechts oben oder nach dem Empfänger ganz rechts schreiben. In der **Betreffzeile** solltest du auf die Bewerbung und auf den Ausbildungsberuf eingehen.

**Aufgabe**

**Schneidet die Kärtchen auf dem folgenden Arbeitsblatt aus und spielt das Spiel nach den Memory®-Regeln in Kleingruppen. Beachtet dabei, dass hier immer eine Kategorie eines Anschreibens und ein Beispiel zusammengehören, z. B. „Ort, Tag, Monat und Jahreszahl" und „Musterstadt, 10.08.2015".**

*Bewerbung ...*

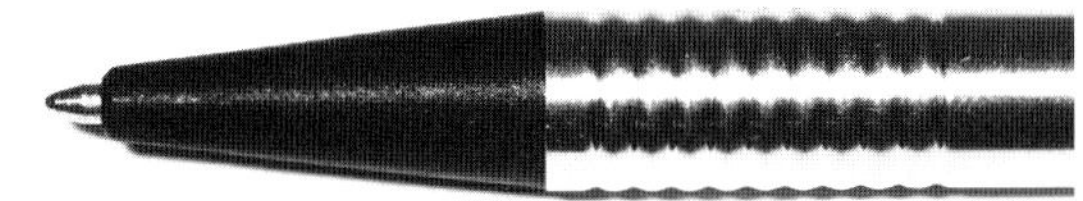

Ein Anschreiben ist **Werbung für dich selbst**. Daher sollte der nun folgende Text viele relevante Informationen enthalten. Man untergliedert ihn in der Regel in drei Absätze und einen letzten Satz:

→ Nach der **Begrüßung** „Sehr geehrte Frau/Sehr geehrter Herr ..." erläuterst du im ersten Absatz, **wo du von dem Stellenangebot erfahren hast**.
→ Im zweiten Abschnitt schilderst du überzeugend, **warum du dich für diesen Beruf und diesen Betrieb interessierst**.
→ Auf deine **eigenen Fähigkeiten, Leistungsmerkmale und Motivation** kannst du im dritten Teil eingehen.
→ Im letzten Satz solltest du höflich und freundlich **um eine Einladung zum Vorstellungsgespräch bitten**.

Ein Anschreiben endet mit einer **Schlussformel**, z. B. „Freundliche Grüße ..." .
Es folgt abschließend ein Verzeichnis der Anlagen, wie beispielsweise Lebenslauf, Zeugnis und Praktikumsbestätigungen.

Bevor du deine Bewerbung an eine Firma schickst, solltest du sie immer von deinen Eltern oder Freunden **gegenlesen lassen**. Vielleicht haben sie noch wichtige Hinweise für dich oder können dir helfen, Rechtschreibfehler auszumerzen.

# Das Anschreiben_2

| | | | |
|---|---|---|---|
| Frank Mekle<br>Hauptstraße 1<br>01234 Musterstadt<br>Tel. 0123 45678<br>E-Mail: frank.mekle@<br>musterstadt.de | Über eine Einladung zum Vorstellungsgespräch würde ich mich freuen. | **Empfänger** | **Absender** |
| **Ort, Tag, Monat und Jahreszahl** | **dritter Absatz** | **Betreffzeile** | Bewerbung um einen Ausbildungsplatz als Kaufmann im Einzelhandel |
| **erster Absatz** | **zweiter Absatz** | Viel Arbeit GmbH<br>Frau Meyer<br>Ringstraße 2<br>01234 Musterstadt | Mit viel Freude habe ich schon zwei Praktika in Ihrem Betrieb absolviert. |
| Ich habe von Ihrem Stellenangebot aus der „Musterstädter Rundschau" erfahren | Zu meinen Eigenschaften zählen Kontaktfreude, Sorgfalt und Ausdauer. | **letzter Satz** | Musterstadt, 10.08.2015 |

# Das Anschreiben von Frank Mekle_1

Um in der Flut der Bewerbungen aufzufallen, sollte dein **Anschreiben individuell und aussagekräftig** sein. Dabei ist es wichtig, die Perspektive des Personalverantwortlichen einzunehmen: Er möchte von dir erfahren, wo du das Stellenangebot gesehen hast, was dich an dem Betrieb und dem Ausbildungsberuf interessiert und welches deine wichtigsten Fähigkeiten, Voraussetzungen und deine Motivation sind.

Frank Mekle
Hauptstraße
01234 Musterstadt
Tel. 0123 45678
E-Mail: frank.mekle@musterstadt.de

Musterstadt, 10.08.2015

Viel Arbeit GmbH
Frau Meyer
Ringstraße 2
01234 Musterstadt

**Bewerbung als Kaufmann im Einzelhandel**

Sehr geehrte Frau Meyer,

von Ihrem Ausbildungsangebot habe ich aus der Zeitung erfahren. Die Aussicht, bei einem führenden Einzelhandelsunternehmen, wie der Viel Arbeit GmbH, eine fundierte Ausbildung zu erhalten und den Einstieg in die Berufstätigkeit im Einzelhandel zu schaffen, finde ich äußerst herausfordernd und spannend.

Derzeit besuche ich die 11. Klasse der Wagner-Realschule in Musterstadt, die ich voraussichtlich im Juli 2016 mit der Fachoberschulreife abschließen werde. Mit viel Freude habe ich schon zwei Praktika in Ihrem Betrieb absolviert. Besonders interessiert haben mich die Bereiche Einkauf, Verkauf und Buchhaltung.

Ich bin ein offener, kommunikativer und interessierter Mensch. Zu meinen fachlichen Voraussetzungen zählen auch Sorgfalt und Ausdauer.

Über eine Zusage für die Ausbildungsstelle würde ich mich freuen.

Mit freundlichen Grüßen
*Frank Mekle*

Anlagen:
Lichtbild, Lebenslauf, Zeugnisse

# Das Anschreiben von Frank Mekle_2

**Aufgabe**
**Füllt in Partnerarbeit die Tabelle zu den Fehlern in dem Anschreiben von Frank Mekle aus und überlegt euch die richtigen Formulierungen.**

| Fehler | Richtig muss es heißen … |
| --- | --- |
| Absender: | |
| Empfänger: | |
| Betreffzeile: | |
| erster Absatz: | |
| zweiter Absatz: | |
| dritter Absatz: | |
| letzter Satz: | |
| Anlagenverzeichnis: | |

# Anschreiben-Quartett_1

## Aufgabe

**Spielt das Anschreiben-Quartett in kleinen Gruppen.**

### Material

ein Set der Quartettkarten, Übersicht über die Quartette

### Spieler

3–4 Spieler

### Spielbeschreibung

Setzt euch zu dritt oder viert zusammen. Jede Gruppe erhält ein Kartenset und eine Übersicht über die Quartette. Verteilt die Karten gleichmäßig an alle Spieler (bei drei Spielern wird ein Quartett aussortiert). Jeder versucht nun, ein vollständiges Quartett zu erhalten (welche vier Karten ein Quartett bilden, könnt ihr auf der Übersicht nachlesen). Der Startspieler wird ausgelost und fragt einen beliebigen anderen Teilnehmer nach einer fehlenden Karte. Hat dieser die angeforderte Karte, muss er sie herausgeben und der Starter darf noch einmal fragen. Sollte der andere Spieler die Karte nicht haben, ist er an der Reihe und fragt weiter. Hat ein Spieler vier passende Karten (ein Quartett) auf der Hand, darf er dieses vor sich ablegen. Es wird gespielt, bis kein Spieler mehr Karten auf der Hand hat und alle Quartette abgelegt sind. Es gewinnt der Spieler mit den meisten Quartetten.

| **Absender** | **Empfänger** | **Betreffzeile** | **erster Absatz** |
|---|---|---|---|
| Ömer Erdal<br>Hauptstraße 5<br>01234 Dauerstadt<br>Tel. 0123 45678<br>o.erdal@dauerstadt.de | Warenlager GmbH<br>Ringstraße 2<br>01234 Dauerstadt | Bewerbung um einen Ausbildungsplatz als Kaufmann im Großhandel | Ich habe von Ihrem Stellenangebot aus der „Dauerstädter Rundschau“ erfahren. |
| **Absender** | **Empfänger** | **Betreffzeile** | **erster Absatz** |
| Maria Lange<br>Hauptstraße 2<br>56789 Angerdorf<br>Tel. 0123 56789<br>MariaLange.10@<br>angerdorf.de | Viellogistik AG<br>Ringstraße 3<br>56789 Angerdorf | Bewerbung um einen Ausbildungsplatz als Industriekauffrau | Ich habe von Ihrem Stellenangebot aus der „Angerdorfer Zeitung“ erfahren. |

# Anschreiben-Quartett_2

| **Absender** | **Empfänger** | **Betreffzeile** | **erster Absatz** |
|---|---|---|---|
| Julia Müller<br>Hauptstraße 3<br>12345 Bad Waldseite<br>Tel. 0345 67890<br>Julia.Mueller@<br>gmy.com | Städtisches Tierheim<br>Ringstraße 4<br>12345 Bad Waldseite | Bewerbung um einen Ausbildungsplatz als Tierpflegerin | Auf Ihrer Homepage habe ich Ihr Stellen-angebot gelesen. |
| **Absender**<br>Tim Köbel<br>Wiesenstraße 3<br>76543 Laubstädt<br>Tel. 0123 234565<br>Koebel@yuhoo.com | **Empfänger**<br>Eskimo GmbH<br>Am Bach 15<br>76543 Laubstädt | **Betreffzeile**<br>Bewerbung um einen Ausbildungsplatz als Fachkraft für Speiseeis | **erster Absatz**<br>Ich habe von der Jobbörse Ihr Stellen-angebot erhalten. |
| **Absender**<br>Nele Berger<br>Kellerstraße 7<br>98765 Seedorf<br>Tel. 0102 348756<br>Ne.Be@seedorf.de | **Empfänger**<br>Hotel zur Eiche<br>Im Eck 67<br>98765 Seedorf | **Betreffzeile**<br>Bewerbung um einen Ausbildungsplatz als Köchin | **erster Absatz**<br>Aus einem Gespräch mit Herrn Teffel habe ich erfahren, dass Sie einen Ausbildungsplatz zur Köchin anbieten. |
| **Absender**<br>Leyla Keser<br>Im Eck 34<br>54321 Ferbach<br>Tel. 0978 677889<br>L.Keser@gemail.com | **Empfänger**<br>Reisebüro Stern<br>Kirchweg 54<br>54321 Ferbach | **Betreffzeile**<br>Bewerbung um einen Ausbildungsplatz als Tourismuskauffrau | **erster Absatz**<br>Von Ihrem Stellen-angebot habe ich aus dem „Ferbacher Anzeiger" erfahren. |
| **Absender**<br>Dirk Mein<br>Turmstraße 23<br>67890 Corberg<br>Tel. 0456 78901<br>Di.Mein@cloud.com | **Empfänger**<br>Auto und Spaß GmbH<br>Ringstraße 5<br>67890 Corberg | **Betreffzeile**<br>Bewerbung um einen Ausbildungsplatz als Kfz-Mechatroniker | **erster Absatz**<br>Ich habe von Ihrem Stellenangebot auf der Jobmesse in Corberg erfahren. |

# Anschreiben-Quartett_3

## Übersicht über die Quartette

| **Absender** | **Empfänger** | **Betreffzeile** | **erster Absatz** |
|---|---|---|---|
| Ömer Erdal<br>Hauptstraße 5<br>01234 Dauerstadt<br>Tel. 0123 45678<br>o.erdal@dauerstadt.de | Warenlager GmbH<br>Ringstraße 2<br>01234 Dauerstadt | Bewerbung um einen Ausbildungsplatz als Kaufmann im Großhandel | Ich habe von Ihrem Stellenangebot aus der „Dauerstädter Rundschau" erfahren. |
| **Absender**<br>Maria Lange<br>Hauptstraße 2<br>56789 Angerdorf<br>Tel. 0123 56789<br>MariaLange.10@ angerdorf.de | **Empfänger**<br>Viellogistik AG<br>Ringstraße 3<br>56789 Angerdorf | **Betreffzeile**<br>Bewerbung um einen Ausbildungsplatz als Industriekauffrau | **erster Absatz**<br>Ich habe von Ihrem Stellenangebot aus der „Angerdorfer Zeitung" erfahren. |
| **Absender**<br>Julia Müller<br>Hauptstraße 3<br>12345 Bad Waldseite<br>Tel. 0345 67890<br>Julia.Mueller@gmy.com | **Empfänger**<br>Städtisches Tierheim<br>Ringstraße 4<br>12345 Bad Waldseite | **Betreffzeile**<br>Bewerbung um einen Ausbildungsplatz als Tierpflegerin | **erster Absatz**<br>Auf Ihrer Homepage habe ich Ihr Stellenangebot gelesen. |
| **Absender**<br>Tim Köbel<br>Wiesenstraße 3<br>76543 Laubstädt<br>Tel. 0123 234565<br>Koebel@yuhoo.com | **Empfänger**<br>Eskimo GmbH<br>Am Bach 15<br>76543 Laubstädt | **Betreffzeile**<br>Bewerbung um einen Ausbildungsplatz als Fachkraft für Speiseeis | **erster Absatz**<br>Ich habe von der Jobbörse Ihr Stellenangebot erhalten. |
| **Absender**<br>Nele Berger<br>Kellerstraße 7<br>98765 Seedorf<br>Tel. 0102 348756<br>Ne.Be@seedorf.de | **Empfänger**<br>Hotel zur Eiche<br>Im Eck 67<br>98765 Seedorf | **Betreffzeile**<br>Bewerbung um einen Ausbildungsplatz als Köchin | **erster Absatz**<br>Aus einem Gespräch mit Herrn Teffel habe ich erfahren, dass Sie einen Ausbildungsplatz zur Köchin anbieten. |
| **Absender**<br>Leyla Keser<br>Im Eck 34<br>54321 Ferbach<br>Tel. 0978 677889<br>L.Keser@gemail.com | **Empfänger**<br>Reisebüro Stern<br>Kirchweg 54<br>54321 Ferbach | **Betreffzeile**<br>Bewerbung um einen Ausbildungsplatz als Tourismuskauffrau | **erster Absatz**<br>Von Ihrem Stellenangebot habe ich aus dem „Ferbacher Anzeiger" erfahren. |
| **Absender**<br>Dirk Mein<br>Turmstraße 23<br>67890 Corberg<br>Tel. 0456 78901<br>Di.Mein@cloud.com | **Empfänger**<br>Auto und Spaß GmbH<br>Ringstraße 5<br>67890 Corberg | **Betreffzeile**<br>Bewerbung um einen Ausbildungsplatz als Kfz-Mechatroniker | **erster Absatz**<br>Ich habe von Ihrem Stellenangebot auf der Jobmesse in Corberg erfahren. |

# Das Anschreiben von Veronica Hufstedt_1

Im Anschreiben einer schriftlichen Bewerbung solltest du den Personalverantwortlichen von deinen positiven Eigenschaften und fachlichen Stärken überzeugen. In der folgenden Bewerbung versucht das eine Schülerin, die sich um einen Ausbildungsplatz als Tierpflegerin bewirbt.

Veronica Hufstedt
Hauptstraße 3
01234 Musterstadt
Tel. 0123 56789
E-Mail: V.Hufstedt@musterstadt.de

Musterstadt, 10.09.2015

Viel zu tun mit Tieren AG
Frau Meier
Ringstraße 4
01234 Musterstadt

**Bewerbung …**

Sehr geehrte Frau Meier,

von Ihrem Stellenangebot habe ich … Da ich …

Derzeit besuche ich die 10. Klasse der Max-Realschule in Musterstadt, die ich im Juli 2016 mit dem Mittleren Schulabschluss verlassen werde.

In meiner Freizeit … Mit viel Freude habe ich daher zwei Praktika in Ihrem Betrieb absolviert. Besonders gefallen haben mir …

Meine wichtigsten Eigenschaften sind …

Über eine Einladung zum Vorstellungsgespräch würde ich mich freuen.

Mit freundlichen Grüßen
*Veronica Hufstedt*

Anlagen:
Lebenslauf
Zeugnis

# Das Anschreiben von Veronica Hufstedt_2

**Aufgaben**

1. **Überlegt euch in Partnerarbeit verschiedene weiterführende Formulierungen zu den Satzanfängen im Anschreiben von Veronica Hufstedt.**

   a) Bewerbung ...

   ..........

   ..........

   b) von Ihrem Stellenangebot habe ich ...

   ..........

   ..........

   c) Da ich ...

   ..........

   ..........

   d) In meiner Freizeit ...

   ..........

   ..........

   e) Besonders gefallen haben mir ...

   ..........

   ..........

   f) Meine wichtigsten Eigenschaften sind ...

   ..........

   ..........

2. **Tauscht euch mit einem anderen Team über die verschiedenen weiterführenden Formulierungen aus und entscheidet euch für die überzeugendsten Sätze. Überlegt gemeinsam: Warum sind diese am besten gelungen?**

# Ein Anschreiben zum Selberbauen_1

Das Anschreiben ist der wichtigste Teil einer schriftlichen Bewerbung. Du kannst es einteilen in Absender, Empfänger, Ort/Tag/Monat/Jahr, Betreffzeile und ersten, zweiten, dritten Absatz und Abschlussformel.

## Beispiel 1: Maria Maier

| ☐ | Naturzoo Diebelstadt<br>Frau Schmidt<br>Hauptstraße 4<br>01234 Diebelstadt |
|---|---|
| ☐ | Bewerbung um einen Ausbildungsplatz als Tierpflegerin |
| ☐ | Meine wichtigste Eigenschaft ist Ausdauer. |
| ☐ | Mit freundlichen Grüßen<br>*Maria Maier* |
| ☐ | In Ihrem Betrieb habe ich zwei Praktika absolviert. |
| ☐ | Ich habe von Ihrem Stellenangebot aus der „Diebelstädter Rundschau" erfahren. |
| ☐ | Maria Maier<br>Hauptstraße 1<br>01234 Diebelstadt<br>Tel. 01234 56789<br>E-Mail: Ma.Maier10@diebelstadt.de |
| ☐ | Diebelstadt, 20.08.2015 |

# Ein Anschreiben zum Selberbauen_2

## Beispiel 2: Johannes Gluck

☐ Läutendorf, 20.08.2015

☐ Bewerbung um einen Ausbildungsplatz als Kaufmann für Büromanagement

☐ Weinstein AG
Frau Körner
Kirchstraße 1
01234 Läutendorf

☐ Ich habe von Ihrem Stellenangebot von einem Bekannten erfahren.

☐ Mein Lieblingsfach ist Mathematik, darüber hinaus habe ich besonders gute Noten in Deutsch und Französisch.

☐ Johannes Gluck
Hauptstraße 2
01234 Läutendorf
Tel. 02345 67890
E-Mail: J.Gluck@laeutendorf.de

☐ Mein Schulpraktikum habe ich in einem Großhandelsbetrieb gemacht und dabei den Beruf des Kaufmanns für Büromanagement kennengelernt.

☐ Ich würde mich freuen, Ihnen in einem persönlichen Gespräch mehr von mir erzählen zu können.

**Aufgabe**
**Wähle ein Beispiel aus. Baue selbst ein Anschreiben, indem du die Informationen in die richtige Reihenfolge bringst und es anschließend mit zusätzlichen Angaben ergänzt und ausformulierst.**

# Das Deckblatt_1

Deiner schriftlichen Bewerbung fügst du auch ein **Deckblatt** bei. Es sollte übersichtlich gestaltet sein und besteht aus dem Ausbildungsberuf, deinem Namen und deiner Adresse, einem Foto sowie dem Ansprechpartner und der Adresse des Betriebes, in dem du dich bewerben willst. Der Personalverantwortliche bekommt mit deinem Deckblatt einen **ersten Eindruck** von dir.

**Mein Ziel:**

**Ausbildung zum**
**Kaufmann für Büromanagement**

Frank Mekle
Hauptstraße 1
01234 Musterstadt

Viel Arbeit GmbH
Frau Meyer
Ringstraße 2
01234 Musterstadt

| übersichtlich | | | | | | | | | | nicht übersichtlich |
|---|---|---|---|---|---|---|---|---|---|---|
| interessante Gestaltung | | | | | | | | | | keine interessante Gestaltung |

# Das Deckblatt_2

Veronica Hufstedt
Hauptstraße 3
01234 Musterstadt
Ausbildung als Tierpflegerin

Viel zu tun mit Tieren AG
Frau Meier
Ringstraße 4
01234 Musterstadt

| übersichtlich | | | | | | | | | | nicht übersichtlich |
|---|---|---|---|---|---|---|---|---|---|---|
| interessante Gestaltung | | | | | | | | | | keine interessante Gestaltung |

**Aufgaben**

1. **Vergleiche die beiden Deckblätter. Kreuze bei jedem auf der Skala an, wie übersichtlich und interessant du die Gestaltung findest. Überlege: Woran erkennst du, dass ein Deckblatt übersichtlich und interessant gestaltet ist?**
2. **Setze dich mit einem Partner zusammen. Vergleicht eure Ergebnisse und macht Verbesserungsvorschläge für die Deckblätter.**

# Ein Deckblatt puzzeln

Mein Ziel:

**Ausbildung zur Raumausstatterin**

Schöne Einrichtungen AG
Frau Greiner
Breite Straße 8
01234 Dahlberg

Ayse Toprak
Am Hang 1
01234 Dahlberg

**Aufgabe**

**Gestalte ein Deckblatt für Ayse Toprak. Schneide dazu die einzelnen Teile aus und ordne sie auf einem DIN-A4-Blatt an. Tausche dich mit deinem Nachbarn über die Anordnung aus. Wenn ihr damit einverstanden seid, klebst du die Teile auf dem Blatt fest.**

★ **Zusatzaufgabe**

**Gestalte ein Deckblatt für eine eigene Bewerbung.**

# Lebenslauf

Den Lebenslauf für eine schriftliche Bewerbung solltest du sehr sorgfältig erstellen, da hier die **wichtigsten Daten zu dir und deiner Ausbildung** zusammengefasst werden. Dein Lebenslauf sollte Vorname, Name, Geburtsdatum und -ort sowie eine Übersicht über die Schulausbildung beinhalten. Er endet mit Ort, Tag, Monat, Jahr und Unterschrift.

## Lebenslauf

Vorname: [A]
Name: [B]
Geburtsdatum: [C]
Geburtsort: [D]

**Schulausbildung**
Sept. 2006 – Juli 2010: [E]
Seit Sept. 2010: [F]
Juli 2016: [G]

Musterstadt, 20. August 2015
*Frank Mekle*

## Aufgaben

1. **Suche im Lebenslauf zu den Buchstaben A bis G die passenden Informationen.**
   - **☐ Mekle**
   - **☐ 01.07.2000**
   - **☐ Frank**
   - **☐ Goethe-Grundschule Musterstadt**
   - **☐ Wagner-Realschule Musterstadt**
   - **☐ Musterstadt**
   - **☐ Fachoberschulreife**
2. **Füge die Informationen in der richtigen Reihenfolge in den folgenden Satz ein: Als Einzelhandelskaufmann möchte sich der am [C] in [D] geborene [A] [B] nach der [E] und der [F] mit der [G] bewerben.**

# Der Lebenslauf von Veronica Hufstedt

Beim Lebenslauf gibt es **Muss-Angaben** und **freiwillige Mitteilungen**. Auf jeden Fall sollte er Vorname, Name, Geburtsdatum und -ort sowie deine Schulausbildung beinhalten. Du kannst zusätzlich auch Geschwister, Eltern, Staatszugehörigkeit, Religionszugehörigkeit, Lieblingsfächer, Sprachkenntnisse und (schulisches) Engagement angeben.

**Aufgabe**
**Erstelle aus den folgenden Stichpunkten einen Lebenslauf für Veronica Hufstedt.**

→ Veronica

→ Hufstedt

→ 01.07.2000

→ Musterstadt

→ Goethe-Grundschule Musterstadt

→ Sept. 2006 – Aug. 2010

→ Lessing-Hauptschule Musterstadt

→ Sept. 2010 – Aug. 2012

→ Max-Realschule Musterstadt

→ Sept. 2012 – vorraussichtlich Juli 2016

→ Mathematik

→ Englisch

→ Mitarbeit in der Schülervertretung

**Zusatzaufgabe**
**Schreibe einen Lebenslauf für dich selbst.**

# Das Bewerbungsfoto _1

Dein Foto für den Lebenslauf sollte von einem **Fotografen** gemacht werden. Er kann dich beraten, wie ein **Bewerbungsfoto** am besten aussieht, und sorgt dafür, dass das Bild professionell und ansprechend aussieht. Das Foto kann im Quer- und Längsformat aufgenommen werden und als Gesichtsaufnahme, Brustbild oder Ganzkörperaufnahme (seitlich und von vorn) gestaltet sein. Du solltest selbstbewusst und freundlich auf dem Bild aussehen und ordentlich gekleidet und gestylt sein. Freizeitfotos, z. B. aus dem Urlaub oder beim Hobby, sind absolut tabu! Wenn du schließlich ein Foto aussuchst, solltest du dir überlegen, wie ein Personalverantwortlicher dein Foto wohl sehen würde.

**Aufgabe**

**Beurteile und bewerte die folgenden Bilder. Wähle anschließend das beste Foto aus.**

a) **Wie gefällt dir das Foto?**

..........

..........

..........

..........

**Wie würde ein Personalverantwortlicher das Bild sehen?**

..........

**Wie gut ist es für eine Bewerbung geeignet?**

..........

b) **Wie gefällt dir das Foto?**

..........

..........

..........

..........

**Wie würde ein Personalverantwortlicher das Bild sehen?**

..........

**Wie gut ist es für eine Bewerbung geeignet?**

..........

# Das Bewerbungsfoto_2

c)

**Wie gefällt dir das Foto?**

..............................

..............................

..............................

..............................

**Wie würde ein Personalverantwortlicher das Bild sehen?**

..............................

**Wie gut ist es für eine Bewerbung geeignet?**

..............................

d)

**Wie gefällt dir das Foto?**

..............................

..............................

..............................

..............................

**Wie würde ein Personalverantwortlicher das Bild sehen?**

..............................

**Wie gut ist es für eine Bewerbung geeignet?**

..............................

**Welches ist das beste Foto?** ............

**Begründung:**

..............................

..............................

# Die Dritte Seite

Mit der Dritten Seite einer schriftlichen Bewerbung kannst du den Personalverantwortlichen über deine **persönlichen Gründe für die Bewerbung** informieren. Das können z. B. Praktikumserfahrungen oder Hobbys, die zu dem ausgewählten Beruf passen, sein. Darüber hinaus können auch Lieblingsfächer, Beziehungen zu Verwandten und deine Eigenschaften dazugehören.
Für den Ausbildungsberuf Kaufmann/-frau im Einzelhandel könnten **Praktikumserfahrungen** z. B. ein Schulpraktikum in einem Einzelhandelsgeschäft sein. Ein passendes **Hobby** wäre das Verkaufen auf dem Flohmarkt und ein entsprechendes **Lieblingsfach** Mathematik. **Beziehungen zu Verwandten**, die dich auf den Beruf aufmerksam gemacht haben, können die zu deinen Großeltern sein, die ein Einzelhandelsfachgeschäft geführt haben. Wichtige **Eigenschaften** für den Beruf, die du aufweisen könntest, sind Freundlichkeit und Aufmerksamkeit.

## 1-Minuten-Vortrag

→ Bei einem 1-Minuten-Vortrag überlegst du dir Stichpunkte zu einem Thema und schreibst diese auf einen Zettel.
→ Der geplante Vortrag beginnt mit einer Einleitung, der ein Hauptteil mit Zahlen, Fakten und Informationen folgt. Am Ende steht ein knackiger Schlusssatz. Ordne deine Stichpunkte diesen Abschnitten zu.
→ Probe leise deinen Vortrag mit einem Partner. Der Zuhörer gibt Tipps, wie der Vortrag verbessert werden kann.
→ Halte den Vortrag vor der Großgruppe. Danach können die Mitschüler ihre Meinung dazu äußern.

 **Aufgaben**

1. **Bereite dich auf einen 1-Minuten Vortrag zu einem der folgenden Themen vor:**
   - **Meine Praktikumserfahrungen als Grund für eine Bewerbung**
   - **Meine Hobbys und Lieblingsfächer als Grund für eine Bewerbung**
   - **Meine Beziehungen zu Verwandten als Grund für eine Bewerbung**
   - **Meine Fähigkeiten als Grund für eine Bewerbung**
2. **Lost in der Klasse zu jedem Thema einen Schüler aus, der seinen Vortrag vor der Großgruppe hält. Besprecht anschließend, ob euch seine Erfahrungen als Gründe für eine Bewerbung überzeugt haben.**

# Die Dritte Seite von Frank Mekle

Frank Mekle möchte sich für eine Ausbildung zum Kaufmann im Einzelhandel bewerben. Er hat folgende Dritte Seite erstellt:

Frank Mekle

**Bewerbung um einen Ausbildungsplatz als Kaufmann im Einzelhandel**

**Meine Gründe für die Bewerbung**
Mit großem Interesse, viel Freude und Begeisterung habe ich zwei Praktika in Ihrem Einzelhandelsgeschäft absolviert. Besonders gefallen haben mir die Bereiche Einkauf, Verkauf und Buchhaltung. Durch die Praktika interessiere ich mich sehr für den Beruf Kaufmann im Einzelhandel.

**Meine Hobbys**
Zu meinen Hobbys zählt das Verkaufen auf Flohmärkten, was ich mehrmals im Jahr mache. Auch spiele ich mit viel Engagement Fußball in der Jugendmannschaft unserer Schule.

**Meine Lieblingsfächer**
Mein Lieblingsfach ist Mathematik, was sich auch in guten Noten zeigt.

**Meine Beziehungen zu Verwandten**
Ich habe zusätzlich einige Praktikumserfahrungen in dem Einzelhandelsgeschäft meiner Großeltern sammeln können. Dort haben mich Einkauf und Verkauf sehr interessiert.

**Meine Fähigkeiten**
Meine wichtigsten Eigenschaften sind Freundlichkeit und Aufmerksamkeit.

**Aufgabe**

**Formuliere aus den folgenden Stichpunkten eine Dritte Seite für deine Bewerbung für eine Ausbildung zum/r Sattler/in – Reitsportsattlerei nach dem Vorbild von Frank Mekle.**

Praktikumserfahrungen
- Schulpraktikum in einer Sattlerei
- Praktikum in den Sommerferien in einem Reitsportgeschäft

Hobby
- Reiten

Lieblingsfach
- Technik

Beziehungen zu Verwandten
- Bauernhof der Tante und Onkel, auf dem auch Reitpferde gehalten werden

Fähigkeiten
- Freundlichkeit
- handwerkliches Geschick

# Die Dritte Seite von Veronica Hufstedt_1

Veronica Hufstedt möchte Tierpflegerin werden. Sie hat die Dritte Seite für ihre Bewerbung folgendermaßen skizziert.

Veronica Hufstedt

**Bewerbung um einen Ausbildungsplatz als [A]**

**Meine Gründe für die Bewerbung**
Mit großem Interesse habe ich ein Praktikum in Ihrem Betrieb absolviert. Besonders gefallen haben mir die vielfältigen Möglichkeiten im [B]. Durch das Praktikum interessiere ich mich sehr für einen Ausbildungsplatz als [A].

**Meine Hobbys und Lieblingsfächer**
Mein größtes Hobby ist [C]. Zu meinen Lieblingsfächern zählt daher [D].

**Meine Beziehungen zu Verwandten**
Praktikumserfahrungen habe ich auch in [E] machen können.

**Meine Fähigkeiten**
Eine meiner stärksten Eigenschaften ist [F], was mir beim [B] oft zugutekommt.

## Aufgabe

1. **Setze dich mit einem Partner zusammen. Stellt euch abwechselnd die Fragen auf S. 46 und nennt die richtigen Antworten. Bei einem Auswahlspiel wählst du aus den Begriffen aus. Diskutiert ggf. über die Möglichkeiten, wenn ihr euch nicht einig seid.**

# Die Dritte Seite von Veronica Hufstedt_2

**Durch das Praktikum interessiere ich mich sehr für einen Ausbildungsplatz als [A]:**

| | |
|---|---|
| Tierpflegerin (1) | (2) Kauffrau im Einzelhandel |
| Industriekauffrau (3) | (4) Bankkauffrau |

**Besonders gefallen haben mir die vielfältigen Möglichkeiten im [B]:**

| | |
|---|---|
| Umgang mit Waren (1) | (2) Umgang mit Zahlen |
| Umgang mit Tieren (3) | (4) Umgang mit Kunden |

**Mein größtes Hobby ist [C]:**

| | |
|---|---|
| Spielen mit Tieren (1) | (2) Lesen |
| Fußball (3) | (4) Musik machen |

**Zu meinen Lieblingsfächern zählt daher [D]:**

| | |
|---|---|
| Mathematik (1) | (2) Französisch |
| Religion (3) | (4) Biologie |

**Praktikumserfahrungen habe ich auch in [E] machen können:**

| | |
|---|---|
| dem Industriebetrieb für Tiernahrung, (1) in dem mein Onkel arbeitet | (2) der Tier-Pension meiner Oma |
| dem Einzelhandelsgeschäft meiner Mutter (3) | (4) dem Altenheim meines Großvaters |

**Eine meine stärksten Eigenschaften ist [F]:**

| | |
|---|---|
| Engagement (1) | (2) Eigeninitiative |
| Zuverlässigkeit (3) | (4) Pünktlichkeit |

**2. Füge die richtigen Begriffe in den folgenden Satz ein:**
**Ich bewerbe mich für eine Ausbildung zur [A] mit einem Praktikum im [B], meinem Lieblingsfach [D], meinem Hobby [C], den Praktikumserfahrungen in [E] und meiner wichtigsten Fähigkeit [F].**

# Anlagenverzeichnis, Zeugnisse und Arbeitsproben

Zur schriftlichen Bewerbung gehören auch **Zeugnisse und Arbeitsproben**. Auf das Anschreiben gehört ein **Anlagenverzeichnis**, in dem du aufzählst, was du darüber hinaus in der Bewerbung beigelegt hast. Das sind neben dem Lebenslauf und ggf. der Dritten Seite auf jeden Fall dein aktuelles Zeugnis und Bescheinigungen über Praktika, Mitarbeit im Sportverein oder in der Jugendgruppe, Sprachzertifikate usw. Arbeitsproben, wie Bilder oder selbst geschriebene Texte, solltest du für künstlerische Ausbildungen hinzufügen.

## Aufgaben

1. **Erstellt in Kleingruppenarbeit Fragen zu Anlagenverzeichnis, Zeugnissen und Arbeitsproben.**

   Beispiele:
   - Was sollte ein Anlagenverzeichnis beinhalten?
   - Welches Zeugnis sollte beigelegt werden?
   - Welche Praktikumsbestätigungen sollten beigelegt werden?
   - Was zählt zu den Arbeitsproben?

2. **Setzt euch mit jeweils zwei Gruppen zusammen. Das eine Team stellt die erarbeiteten Fragen, die andere Gruppe beantwortet diese. Später wechselt ihr die Rollen.**

# Telefonanfragen nach einem Ausbildungsplatz

Eine **Initiativbewerbung** zu starten, bedeutet, dass du ein Unternehmen ansprichst, ohne dass dieses eine konkrete Stelle ausgeschrieben hat. Wenn du dich also für eine bestimme Firma interessierst, kannst du dich auf diesem Weg dort vorstellen. Am besten ist es, sich als Erstes telefonisch zu erkundigen, ob so eine Bewerbung überhaupt Aussichten auf Erfolg hat.
Bei einer **Telefonanfrage nach freien Ausbildungsplätzen** solltest du dir vorher überlegen, was du sagen möchtest. Eine solche Anfrage besteht in der Regel aus der Begrüßung, einer Vorstellung der eigenen Person, der Frage nach freien Ausbildungsplätzen und einer Zu- oder Absage des Gesprächspartners.
Du solltest eine Telefonanfrage zunächst mit Freunden einmal üben.

## Beispiel für eine Telefonanfrage

**Bewerber:**

*Begrüßung*
„Guten Tag, mein Name ist Frank Mekle."

*Vorstellung*
„Ich bin Schüler der 10. Klasse der Wagner-Realschule."

*Frage nach freien Ausbildungsplätzen*
„Ich möchte mich erkundigen, ob es in Ihrem Unternehmen freie Ausbildungsplätze als Kaufmann im Einzelhandel gibt."

**Personalverantwortlicher:**

*Zusage*
„Wir haben tatsächlich Ausbildungsplätze in dem Bereich, die noch nicht vergeben sind. Gerne können Sie sich zum 1. September bei uns bewerben."

*Absage*
„Leider sind alle Ausbildungsplätze schon besetzt. Sie können sich jedoch bei der Viel Arbeit AG noch bewerben, ich weiß, dass in diesem Unternehmen noch Auszubildende gesucht werden."

 **Aufgabe**

**Führe eine Telefonanfrage für einen selbst gewählten Ausbildungsplatz mit Begrüßung, Vorstellung, Frage nach freien Ausbildungsplätzen und Zusage/Absage mit deinem Sitznachbarn als Personalverantwortlichem durch. Tauscht anschließend die Rollen.**

# Die Initiativbewerbung von Frank Mekle

Möchtest du nicht auf bestimmte Stellenangebote warten und dich selbst um einen Ausbildungsplatz bemühen, ist eine **schriftliche Initiativbewerbung** das Richtige. Damit kannst du den Personalverantwortlichen eines Unternehmens auf dich aufmerksam machen.

Eine Initiativbewerbung besteht aus einem Anschreiben und dem Lebenslauf, zusätzlich kann auch Deckblatt und Zeugnis hinzugefügt werden. Wenn das Unternehmen interessiert ist, wirst du ggf. aufgefordert, eine ausführliche Bewerbung einzureichen.

Frank Mekle
Hauptstraße 1
01234 Musterstadt
Tel. 0123 45678
E-Mail: frank.mekle@musterstadt.de

Musterstadt, 10.08.2015

Viel Arbeit GmbH
Frau Meyer
Ringstraße 2
01234 Musterstadt

**Bewerbung um einen Ausbildungsplatz als Kaufmann im Einzelhandel**

Sehr geehrte Frau Meyer,

hiermit bewerbe ich mich um einen Ausbildungsplatz als Kaufmann im Einzelhandel. Ihr Betrieb zählt zu den Marktführern in seinem Bereich und bietet optimale Voraussetzungen für eine fundierte Ausbildung.

Derzeit besuche ich die 10. Klasse der Wagner-Realschule in Musterstadt, die ich voraussichtlich im Juli 2016 mit der Fachoberschulreife abschließen werde. Mit viel Freude habe ich schon zwei Praktika in verschiedenen Einzelhandelsunternehmen absolviert.
Ich bin ein offener, kommunikativer und interessierter Mensch und zähle auch Sorgfalt und Ausdauer zu meinen Eigenschaften.

Über eine Einladung zum Vorstellungsgespräch würde ich mich freuen.

Mit freundlichen Grüßen
*Frank Mekle*

Anlage: Lebenslauf, Zeugnis

## Aufgabe

**Erstellt in Partnerarbeit ein Anschreiben einer Initiativbewerbung mit Absender, Adressat, Betreffzeile, Gründen für die Bewerbung und deinen Fähigkeiten. Orientiert euch am Aufbau der Bewerbung von Frank Mekle.**

# Initiativbewerbungen formulieren

Ein Vorteil der Initiativbewerbung ist, dass du möglicherweise **keine Mitbewerber** hast und einen **Personalverantwortlichen über deine Ausbildungsplatzsuche informieren** kannst. Es kann allerdings auch passieren, dass das Unternehmen keine Stellen zu vergeben hat und du schnell eine Absage bekommst. Das **Anschreiben einer Initiativbewerbung** besteht aus Absender, Adressat, Betreffzeile, Gründen für die Bewerbung und deinen Fähigkeiten. Hierbei ist es wichtig, zu erklären, warum du dich ausgerechnet für dieses Unternehmen interessierst, obwohl es eigentlich keine Stellen anbietet.

## Initiativbewerbung bei der Viel zu tun mit Tieren AG

**Absender**
Veronica Hufstedt
Hauptstraße 3
01234 Musterstadt
Tel. 0123 56789
E-Mail: V.Hufstedt@musterstadt.de

**Adressat**
Viel zu tun mit Tieren AG
Frau Meier
Ringstraße 4
01234 Musterstadt

**Betreffzeile**
Ausbildungsplatz als Tierpflegerin

**Gründe für die Bewerbung**
Der Betrieb ist ein großer und interessanter Arbeitgeber.

**Schule**
Max-Realschule Musterstadt,
Mittlerer Schulabschluss

**Fähigkeiten**
arbeitet zuverlässig und sorgfältig

## Initiativbewerbung bei der Elektro AG

**Absender**
Nadia Sokolow
Hauptstraße 3
01234 Musterstadt
Tel. 0123 56789
E-Mail: NaSo@musterstadt.de

**Adressat**
Elektro AG
Hauptstraße 6
01234 Musterstadt

**Betreffzeile**
Ausbildungsplatz als Industriekauffrau

**Schule**
Max-Realschule Musterstadt,
Mittlerer Schulabschluss

**Gründe für die Bewerbung**
Betrieb ist Marktführer in der Branche.

**Fähigkeiten**
Engagement und Eigeninitiative

Aufgabe
**Wähle eine der beiden Ausbildungssuchenden aus und formuliere für sie ein Anschreiben für eine Initiativbewerbung.**

Zusatzaufgabe
**Suche dir einen Partner, der das andere Beispiel gewählt hat. Tauscht eure Anschreiben aus und korrigiert sie gegenseitig.**

# Der Bewerbungsflyer_1

Du kannst Personalverantwortliche auch mit einem **Bewerbungsflyer** auf **Ausbildungsmessen und Ausstellungen** überzeugen. Ein solcher Flyer besteht in der Regel aus einem DIN-A4-Blatt, das in Drittel gefaltet wird, und kann beispielsweise folgendermaßen aufgebaut sein: Er beginnt mit dem vermuteten Anspruch des Arbeitgebers und es folgt auf der nächsten Seite ein passender Wunschberuf. Dann wird noch der Absender angegeben und es gibt kurze Stichworte zu Fähigkeiten und Lebenslauf. Bei der Gestaltung kannst du deine Kreativität spielen lassen.

## Beispiel: Bewerbungsflyer für Frank Mekle

**Vorderseite**

| **Ihr Wunschkandidat …** | **Mein Wunschberuf …** | **Ihr Wunsch …** |
|---|---|---|
| <br>**Frank Mekle**<br>Hauptstraße 1<br>01234 Musterstadt<br>0123 45678<br>frank.mekle@musterstadt.de | **Kaufmann im Einzelhandel**<br>Besonders interessieren mich:<br>Buchhaltung,<br>Einkauf und<br>Verkauf. | **Auszubildende mit Teamgeist**<br>Sie legen viel Wert auf Teamarbeit. |

# Der Bewerbungsflyer_2

**Rückseite**

| **Meine Fähigkeiten** | **Meine Schullaufbahn …** | **Meine Kenntnisse** |
|---|---|---|
| **Zuverlässigkeit, Engagement und Freundlichkeit**<br>Diese Eigenschaften konnte ich in verschiedenen Praktika in Einzelhandelsbetrieben unter Beweis stellen. | **Sept. 2006 – Juli 2010:**<br>Goethe-Grundschule Musterstadt<br>**Seit Sept. 2010:**<br>Wagner-Realschule Musterstadt<br>**Juli 2016:**<br>Abschluss mit Fachoberschulreife | **Gute Computerkenntnisse:**<br>Word, Excel<br>**Fremdsprachen:**<br>Englisch und Französisch<br>sowie<br>**gute Noten** im Fach Mathematik |

## Aufgaben

1. **Erstelle eine Liste mit deinen Stärken und besprich sie mit deinem Sitznachbarn.**
   - **Meine größte Stärke:** ..........
   - **Meine zweitgrößte Stärke:** ..........
   - **Meine drittgrößte Stärke:** ..........
2. **Skizziere einen Bewerbungsflyer mit den Kategorien „Ihr Wunsch …", „Mein Wunschberuf …", „Ihr Wunschkandidat …", „Meine Fähigkeiten", „Meine Schullaufbahn …" und „Meine Kenntnisse".**

## Zusatzaufgabe

**Recherchiere im Internet nach weiteren Beispielen und setze deine Skizze in einen realen Flyer um.**

# Die Profilcard

Die **Profilcard** ist die große Schwester der Visitenkarte. Du kannst damit Personalverantwortliche auf **Ausbildungsmessen** und **Ausstellungen** auf dich aufmerksam machen. Eine Profilcard kann z. B. aus Foto, Adresse, Schulausbildung, Berufswunsch und deinen Fähigkeiten bestehen. Wie bei dem Bewerbungsflyer gibt es auch hier für die Gestaltung keine festen Vorgaben. Denke aber daran, dass so eine Profilcard auf einen Blick überzeugen muss!

## Beispiel: Profilcard von Frank Mekle

**Vorderseite**

**Frank Mekle**

Berufswunsch:

**Ausbildung zum Kaufmann im Einzelhandel**

**Rückseite**

**Schulausbildung:**
Ich werde die Wagner-Realschule Musterstadt im Juli 2016 mit der Fachoberschulreife abschließen.

**Stärken:**
Meine besonderen Fähigkeiten sind Freundlichkeit und Engagement.

**Interessiert?**
**Dann nehmen Sie Kontakt mit mir auf:**
Frank Mekle, Hauptstraße 1, 01234 Musterstadt
✆ 0123 45678, frank.mekle@musterstadt.de

**Aufgabe**

**Skizziere eine Profilcard mit Foto, Adresse, Schulausbildung, Berufswunsch und deinen Fähigkeiten und besprich sie mit deinem Sitznachbarn.**

# Das Stellengesuch

Mit einem **Stellengesuch** machst du Personalverantwortliche auf dich aufmerksam, damit sie auf dich zukommen. Es hat das Format einer Kleinanzeige und besteht aus der Nennung deines Berufswunsches sowie einer kurzen Angabe zu deiner Schulausbildung und deinen Fähigkeiten. Du kannst es in einer **Online-Stellenbörse** oder einer **Regionalzeitung** aufgeben.

## Beispiel für ein Stellengesuch

*Schülerin sucht:*

**Ausbildungsplatz zur**
**Fachkraft für Veranstaltungstechnik**

zum 1. September 2016 in Düsseldorf.

Ich werde die Realschule im Juli 2016 mit dem Mittleren Schulabschluss abschließen. Ich überzeuge vor allem durch Freundlichkeit und Engagement.

Tel. 0123 45678

### Aufgabe

**Gestaltet in Kleingruppenarbeit ein Stellengesuch für Leyla Keser:**

Leyla Keser
Im Eck 34
54321 Ferbach
Tel. 0978 677889
L.Keser@gemail.com

Berufswunsch:
Tourismuskauffrau

Schulabschluss:
Fachoberschulreife an der Gesamtschule Ferbach (30.6. 2015)

Fähigkeiten:
Freundlichkeit, hat gerne Umgang mit Menschen, Organisationsfähigkeit

### Zusatzaufgabe

**Erstelle ein eigenes Stellengesuch mit Berufswunsch, Schulausbildung und deinen Fähigkeiten und bespich es mit einem Partner.**

# Checkliste zur schriftlichen Bewerbung

Zu einer klassischen **schriftlichen Bewerbung** gehören das Deckblatt, ein Anschreiben, die Dritte Seite, ein Lebenslauf und der Anhang mit Zeugnissen, Bescheinigungen und Arbeitsproben.
**Besondere Formen** der schriftlichen Bewerbung sind Intitiativbewerbungen, Bewerbungsflyer sowie die Profilcard. Zudem kann man mit einem Stellengesuch auf sich aufmerksam machen.

Du kannst mit der folgenden Checkliste noch mal deine **Kenntnisse über die schriftliche Bewerbung** überprüfen.

## Checkliste zur schriftlichen Bewerbung

- ☐ Bestandteile einer schriftlichen Bewerbung
- ☐ Form und Inhalt des Anschreibens
- ☐ Form und Inhalt des Deckblatts
- ☐ Form und Inhalt des Lebenslaufs
- ☐ Bewerbungsfoto
- ☐ Form und Inhalt der Dritten Seite
- ☐ Anlagenverzeichnis, Zeugnisse und Arbeitsproben
- ☐ Telefonanfragen nach freien Ausbildungsplätzen
- ☐ schriftliche Initiativbewerbungen
- ☐ Aufbau eines Bewerbungsflyers
- ☐ Bestandteile einer Profilcard
- ☐ Stellengesuche

**Aufgabe**
**Kreuze in der Checkliste an, was du schon weißt und worüber du dich informiert hast.**

# Bewerbungs-Würfeln_1

**Aufgabe**
**Spielt das Bewerbungs-Würfeln in kleinen Gruppen.**

**Material**
ein Spielfeld, ein Satz Lösungskärtchen, eine Schere, ein Stift und ein Würfel je Gruppe

**Spieler**
3–4 Spieler

**Spielbeschreibung**
Das Spielfeld wird in die Mitte der Gruppe gelegt. Die Lösungskarten werden ausgeschnitten und auf die Rückseiten werden die vor der Lösung stehenden Zahlen notiert. Alle Mitspieler würfeln und derjenige mit der höchsten Punktzahl darf beginnen. Der Startspieler würfelt 2-mal und beantwortet die passende Frage (der erste Wurf wird in der linken Spalte des Spielfeldes aufgesucht, der zweite in der unteren Zeile abgelesen), die auf dem Spielfeld angegeben ist. Beispiel: Der erste Wurf ist eine 1, der zweite eine 3, dann lautet die Frage „Womit endet das Anschreiben einer Bewerbung?" Der Spieler gibt nun die Antwort dazu. Sein rechter Nachbar sucht die passende Lösungskarte heraus und überprüft diese. Hat der Spieler die Frage richtig beantwortet, bekommt er einen Punkt, den er sich notiert. Das Feld mit der Frage auf dem Spielfeld wird durchgestrichen und ist aus dem Spiel. Hat er die Frage falsch beantwortet, bleibt die Frage stehen und der Spieler muss einmal aussetzen. Als Nächstes ist der rechte Nachbar mit Würfeln dran und darf eine Frage beantworten. Würfelt er ein Feld, dessen Frage schon aus dem Spiel ist, wird der Würfel einfach weitergegeben und der nächste Spieler ist dran. Der Teilnehmer, der am Schluss die meisten Fragen richtig beantwortet hat, gewinnt.

**Lösungskarten**

| | | |
|---|---|---|
| ① Damit kann man auf Ausbildungsmessen und Ausstellungen Personalverantwortliche auf sich aufmerksam machen. | ② Er gehört an das Ende des Anschreibens. | ③ Man kann ihn einfach z. B. auf Ausstellungsmessen an interessante Firmen verteilen. |
| ④ Damit verschafft sich der Personalverantwortliche einen ersten Eindruck vom Bewerber. | ⑤ Es können nur wenig Informationen übermittelt werden. | ⑥ Die Seite kommt im Bewerbungsschreiben an dritter Stelle nach Deckblatt und Anschreiben. |
| ⑦ Darin steht, warum man sich für den Beruf und den Betrieb interessiert. | ⑧ „Bewerbung um eine Stelle/einen Ausbildungsplatz ..." | ⑨ Das ist eine freiwillige Angabe. |

# Bewerbungs-Würfeln_2

| | | |
|---|---|---|
| ⑩ Sie bestehen aus Lebenslauf, Zeugnissen, Bescheinigungen über Praktika usw. sowie Arbeitsproben. | ⑪ Ganzkörperaufnahmen | ⑫ Sie heißt Initiativbewerbung. |
| ⑬ Man muss darauf achten, dass es professionell und ansprechend ist. | ⑭ Man muss darauf achten, dass die Adresse seriös klingt. | ⑮ Man muss beachten, dass sie vollständig ist. |
| ⑯ Sie ist kürzer und besteht oft nur aus Anschreiben und Lebenslauf. | ⑰ Man muss beachten, dass der angestrebte Schulabschluss genannt wird. | ⑱ Man kann es im Anschreiben, der Dritten Seite und im Lebenslauf angeben. |
| ⑲ Es sind Deckblatt, Anschreiben, Dritte Seite, Lebenslauf, Zeugnisse/Arbeitsproben u. Ä. | ⑳ Er muss Vorname, Name, Geburtsdatum Geburtsort, Schulausbildung umfassen. | ㉑ Nein, das ist eine freiwillige Angabe. |
| ㉒ Es enthält Dritte Seite, Lebenslauf, Zeugnisse, Zertifikate usw., Arbeitsproben. | ㉓ Es sollte eine Begrüßung, eine Vorstellung der eigenen Person und die Frage nach einem freien Ausbildungsplatz enthalten. | ㉔ Weil der Personalbeauftragte damit einen ersten Eindruck vom Bewerber erhält. |
| ㉕ Er sollte am Anfang zu lesen sein, damit der Personalbeauftragte sofort sehen kann, ob der Bewerber für sein Unternehmen passt. | ㉖ Das gehört in den ersten Absatz des Textes. | ㉗ Die Fähigkeiten müssen zum gewählten Beruf passen. |
| ㉘ Werbung | ㉙ Der Lebenslauf gehört immer dazu. | ㉚ Dort kann man darlegen, welche persönlichen Gründe man für die Bewerbung hat. |
| ㉛ Freizeitfotos sind dafür nicht angemessen. | ㉜ Ein Foto sollte immer auf dem Deckblatt zu finden sein. | ㉝ Es endet mit einer Schlussformel. |
| ㉞ Man kann es in einer Online-Stellenbörse oder in einer Regionalzeitung aufgeben. | ㉟ Schulbildung | ㊱ Bewerbungsflyer und Profilcard |

# Bewerbungs-Würfeln_3

**Spielfeld**

| | 1. Wurf: 1 | 1. Wurf: 2 | 1. Wurf: 3 | 1. Wurf: 4 | 1. Wurf: 5 | 1. Wurf: 6 |
|---|---|---|---|---|---|---|
| **2. Wurf: 1** | ㉛ Welche Fotos sollte man auf gar keinen Fall für eine Bewerbung verwenden? | ㉕ Was ist bei deinem Berufswunsch auf der Profilcard zu beachten? | ⑲ Nenne die fünf Bestandteile einer schriftlichen Bewerbung. | ⑬ Was ist beim Foto auf Bewerbung/Flyer/Profilcard zu beachten? | ⑦ Was steht im zweiten Abschnitt eines Anschreibens? | ① Wofür ist eine Profilcard verwendbar? |
| **2. Wurf: 2** | ㉜ Gehört ein Foto auf das Deckblatt? | ㉖ Wo im Anschreiben erklärt man, wo man die Stellenausschreibung der Firma gelesen hat? | ⑳ Welche Angaben muss der Lebenslauf enthalten? | ⑭ Was sollte man bei der angegebenen E-Mail-Adresse beachten? | ⑧ Was steht in der Betreffzeile im Anschreiben? | ② Wohin gehört der Hinweis „Anlage"? |
| **2. Wurf: 3** | ㉝ Womit endet das Anschreiben einer Bewerbung? | ㉗ Was ist bei deinen Fähigkeiten im Bewerbungsschreiben zu beachten? | ㉑ Muss man in einem Lebenslauf seine Religionsangehörigkeit angeben? | ⑮ Was ist bei der Adresse auf Bewerbung/Flyer/Profilcard zu beachten? | ⑨ Sind Informationen über die Familie im Lebenslauf ein Muss oder freiwillig? | ③ Welche Vorteile hat ein Bewerbungsflyer? |
| **2. Wurf: 4** | ㉞ Wo kann man ein Stellengesuch aufgeben? | ㉘ Ein Anschreiben ist .......................... für sich selbst. | ㉒ Was gehört in ein Anlagenverzeichnis? | ⑯ Was ist in der Form bei einer Initiativbewerbung anders als bei einer normalen? | ⑩ Woraus bestehen Anlagen? | ④ Wozu dient das Deckblatt? |
| **2. Wurf: 5** | ㉟ In einem Lebenslauf sind Angaben zu den persönlichen Daten und der ................. enthalten. | ㉙ Gehört ein Lebenslauf zu einer Initiativbewerbung? | ㉓ Was sollte in einer Telefonanfrage bei einer Firma enthalten sein? | ⑰ Was ist bei der Angabe der Schulausbildung zu beachten? | ⑪ Bewerbungsfotos können Gesichts-, Brust- oder ............... -aufnahmen sein. | ⑤ Welche Nachteile hat eine Profilcard? |
| **2. Wurf: 6** | ㊱ Neben der klassischen Bewerbung gibt es auch die Formen ........ und ......... | ㉚ Was wird auf der Dritten Seite vor allem dargestellt? | ㉔ Warum ist eine gute Gestaltung des Deckblatts wichtig? | ⑱ Wo kann man die Mitarbeit in der Schülerfirma angeben? | ⑫ Wie heißt eine Bewerbung, die ohne Stellenausschreibung erfolgt? | ⑥ Woher kommt der Name „Dritte Seite"? |

# 3. Onlinebewerbung

# Lehrerhinweise

Das Lernziel des Arbeitsblattes **„Onlinerecherche nach Stellenangeboten" (S. 61)** ist es, die **Recherche und Bewertung von Stellenbörsen** zu üben.

Mithilfe des Arbeitsblattes **„E-Mail-Bewerbung" (S. 62) lernen** die Schüler **diese genauer kennen**. Sie üben die Erstellung einer solchen Bewerbung und bekommen Hinweise zu den **technischen Voraussetzungen** zur Digitalisierung von Bewerbungsunterlagen.

Das **Ausfüllen eines Bewerbungsformulars** steht auf der Seite **„Das Bewerbungsformular" (S. 63)** im Vordergrund: Die Schüler beantworten Fragen zum Bewerbungsformular und füllen es dann selbst aus.

Auf der folgenden Seite **„Die Bewerbungshomepage" (S. 64)** informieren sich die Schüler über diese moderne Form der Bewerbung und bewerten verschiedene Beispiele.

Mithilfe der Anregungen auf dem Arbeitsblatt **„Die Videobewerbung (Videobotschaft)" (S. 65)** erstellen die Schüler ein **Drehbuch zu einer Videobewerbung**. Im Anschluss daran können sie diese in Kleingruppen umsetzen. Da dies jedoch recht aufwändig ist, sollte in diesem Falle zusätzlich eine Doppelstunde an Zeit eingeplant werden.

**„Ein Weblog für die Bewerbung" (S. 66)** zeigt, wie ein Blog erstellt wird, der die eigene Bewerbung unterstützen kann. Die Schüler **schreiben dazu Beiträge** über Ausbildungsberufe, Hobbys, Ausbildungsbetriebe und Interessengebiete.

Nachdem die Schüler **„Die Crossmedia-Bewerbung" (S. 67) kennengelernt haben**, erstellen sie in Kleingruppen eine Anfrage und die passenden Bewerbungsunterlagen.

Mithilfe der **„Checkliste für die Onlinebewerbung" (S. 68)** überprüfen die Schüler ihr Wissen über die Inhalte des bearbeiteten Kapitels.

Abschließend führen die Schüler mithilfe der Placemat-Methode eine **„Diskussion zur Onlinebewerbung" (S. 69)** durch. Fragen zu dieser Form der Bewerbung werden in Kleingruppen beantwortet.

# Onlinerecherche nach Stellenangeboten

Bei der **Onlinerecherche** suchst du aus der Masse der Angebote **geeignete Stellen** für dich.
Du gibst dazu in einer Suchmaschine Begriffe wie „Stellenbörse“, „Ausbildungsplatz“ und deinen Wohnort ein. Hast du eine geeignete **Stellenbörse** gefunden, kannst du auf deren Seite nach deinem Wohnort und dem Ausbildungsberuf, in dem du dich bewerben möchtest, suchen. Beispiel: Du gibst „Düsseldorf“ und „Kaufmann im Einzelhandel“ ein und erhältst passende Stellenangebote aus der Stadt und ihrer Umgebung.

## Aufgaben

1. **Recherchiere mit einem Partner nach Stellenbörsen und bewerte sie mit Schulnoten von 1–6.**

   **Stellenbörse 1:** ..........

   **Note:** .......... **Begründung:** ..........

   **Stellenbörse 2:** ..........

   **Note:** .......... **Begründung:** ..........

   **Stellenbörse 3:** ..........

   **Note:** .......... **Begründung:** ..........

2. **Recherchiert in einer Stellenbörse nach einem der folgenden Ausbildungsplätze und beurteilt die Ergebnisse.**
   - **Kaufmann im Einzelhandel**
   - **Tierpflegerin**
   - **Industriekauffrau**
   - **Bankkaufmann**

## Zusatzaufgabe

**Recherchiere nach einem Ausbildungsplatz für dich selbst.**
**Besprich die Recherche und die Ergebnisse mit deinem Partner.**

# E-Mail-Bewerbung

Du kannst eine Bewerbung auch als **E-Mail** dem Personalverantwortlichen eines Unternehmens übersenden, wenn dies **im Stellenangebot als Möglichkeit** angegeben ist. In der E-Mail sollten Absender, Empfänger, Betreff und ein kurzer Vorstellungstext stehen. Die üblichen Bewerbungsunterlagen – Anschreiben, Lebenslauf, Zeugnisse – werden als Anhänge verschickt. Dazu musst du deine **Bewerbungsunterlagen digitalisieren**. Die Zeugnisse scannst du ein und speicherst sie ebenfalls als PDF-Datei ab. Achte dabei darauf, gerade und ohne „Eselsohren" zu scannen. Solltest du keinen Scanner besitzen, kannst du die Zeugnisse auch in einem Copyshop einscannen lassen. Achte darauf, dass die Dateien nicht größer als 1 MB sind.

## Beispiel für eine E-Mail-Bewerbung

**Von:** frank.mekle@musterstadt.de
**An:** vielarbeit@bewerbung.de

**Betreff:** Bewerbung um einen Ausbildungsplatz als Kaufmann im Einzelhandel

Sehr geehrte Frau Meyer,

hiermit bewerbe ich mich um einen Ausbildungsplatz als Kaufmann im Einzelhandel.
Im Anhang dieser E-Mail übersende ich Ihnen dazu Anschreiben, Lebenslauf und Zeugnisse.
Über eine Einladung zum Vorstellungsgespräch würde ich mich freuen.

Mit freundlichen Grüßen
*Frank Mekle*

 **Aufgabe**
**Erstelle einen eigenen Vorstellungstext für eine E-Mail-Bewerbung; orientiere dich dabei am oben stehenden Beispiel.**

 **Zusatzaufgabe**
**Digitalisiere zu Hause deine Bewerbungsunterlagen (Anschreiben, Lebenslauf, Zeugnisse). Tausche sie mit einem Partner aus und kontrolliert, ob ihr sie so verschicken könntet.**

# Das Bewerbungsformular

Es gibt Unternehmen, die **auf ihrer Homepage elektronische Formulare** eingestellt haben, über die du dich bei ihnen bewerben kannst. Es gibt diese Möglichkeit sowohl für Initiativbewerbungen als auch für Bewerbungen auf konkrete Stellenangebote. In dem **Bewerbungsformular** kannst du in der Regel deine persönlichen Daten und Angaben zur (schulischen) Ausbildung ausfüllen und Anhänge, wie Anschreiben, Lebenslauf, ggf. Foto und Zeugnisse, hochladen.

## Beispiel für ein Bewerbungsformular

**Vorname:** ______

**Name:** ______

**Adresse:** ______

**Schulische Ausbildung** (maximal 600 Zeichen):

______

**Anhänge:** ☐ Anschreiben ☐ Lebenslauf ☐ Foto ☐ Zeugnisse

**Aufgabe**

**Fülle das Bewerbungsformular für dich aus, kreuze bei den Anhängen an, welche Unterlagen du digital vorliegen hast und hochladen könntest. Vergleiche das Ergebnis mit einem Partner.**

**Zusatzaufgabe**

**Recherchiert in Kleingruppen im Internet. Beantwortet die folgenden Fragen:**

- **Welche Unterschiede gibt es bei Bewerbungsformularen?**
- **Was ist bei Anschreiben/Lebenslauf/Zeugnissen zu beachten?**

# Die Bewerbungshomepage

Auf einer Bewerbungshomepage bietest du **weitere Informationen zu deiner schriftlichen Bewerbung** an. Dazu verweist du in der schriftlichen Bewerbung auf deine Homepage. Der Personalverantwortliche kann sich dort ausführlich über deine Schulbildung, die Gründe deiner Bewerbung, deine Fähigkeiten und Hobbys informieren. Auch kannst du hier weitergehende Informationen, z. B. Arbeitsproben, die in einer Bewerbungsmappe keinen Platz mehr finden, einstellen. Beachte dabei, dass so eine Homepage nur für deine Bewerbung gedacht ist, hier gehören keine privaten Informationen zu Freunden oder dem letzten Urlaub hin!

Folgende Fragen solltest du dir bei der **Planung einer Bewerbungshomepage** stellen:

→ Kann ich selbst eine gute Homepage gestalten oder suche ich mir professionelle Hilfe?
→ Habe ich alle Unterlagen meiner Bewerbung digital vorliegen, um sie auf die Seite zu stellen?
→ Stimmen die Angaben der schriftlichen Bewerbung mit denen der Homepage überein?
→ Was gibt es darüber hinaus für Inhalte, die ich online stellen könnte?
→ Wie kann ich die Homepage sachlich und übersichtlich gestalten?
→ Sind keine überflüssigen privaten Inhalte geplant?
→ Habe ich eine kurze Begrüßung geschrieben, die statt eines allgemeinen Anschreibens die Homepage einleitet?
→ Welche Fotos wähle ich für die Seite aus?
→ Welche Kontaktmöglichkeiten gebe ich an?
→ Habe ich an ein Impressum gedacht, das jede Internetseite aus rechtlichen Gründen haben muss?
→ Welche Dateien sollen als Download zur Verfügung stehen?

 **Aufgabe**

**Setze dich mit einem Partner zusammen. Sucht im Internet nach Beispielen von Bewerbungshomepages und diskutiert anhand der Fragen, ob diese als Vorbild für eine eigene Homepage dienen könnten.**

★ **Zusatzaufgabe**

**Recherchiere nach einem kostenlosen Anbieter für Bewerbungshomepages und erstelle eine eigene Homepage. Besprich diese mit deinem Partner.**

# Die Videobewerbung (Videobotschaft)

Mit einer Videobewerbung kannst du ein **Vorstellungsgespräch** in gewisser Hinsicht schon **„vorwegnehmen"**: Der Personalverantwortliche erlebt dich als Person im Video und lernt dich nicht nur auf dem Papier kennen. In dem **Video** solltest du dich vorstellen, den gewünschten Ausbildungsberuf sowie die Gründe für die Bewerbung nennen. Darüber hinaus kannst du von deinen Fähigkeiten, Hobbys und Interessengebieten berichten. Beachte dabei, dass der Clip höchstens drei Minuten lang sein sollte. Das Video kannst du als DVD dann an Unternehmen versenden.

Damit das Video bei dem Personalverantwortlichen gut ankommt, ist es wichtig, dass es **professionell gemacht** ist und du darin **souverän** wirkst. Das bedeutet, dass du dir vorher nicht nur genau überlegen solltest, was du sagst, sondern auch, was du anziehst, wie du dich stylst und wo du dich präsentierst. Damit du auf dem Video nicht verkrampft oder nervös erscheinst, solltest du unbedingt das freie Sprechen vor der Kamera üben. Außerdem brauchst du jemanden mit entsprechender Erfahrung, der das Video von dir aufnimmt.

Da der **Aufwand** für eine Videobewerbung also sehr hoch ist, solltest du dir genau überlegen, ob das für dich infrage kommt. Videobewerbungen sind (noch) nicht sehr verbreitet und werden daher nur sehr selten von Bewerbern für eine Ausbildungsstelle erwartet.

## Aufgaben

1. **Überlege dir mit einem Partner verschiedene Ausbildungsberufe, Gründe für die Bewerbung für diese Ausbildung sowie Fähigkeiten des Bewerbers, die dazu passen.**
2. **Einigt euch auf einen Ausbildungsberuf und schreibt gemeinsam ein „Drehbuch" für eine Videobewerbung. Berücksichtigt dabei nicht nur den Text, sondern macht auch Angaben zu Kleidung, Gestik, Ort der Aufnahme usw.**

## Zusatzaufgabe

**Setzt euch in Kleingruppen zusammen. Wählt ein „Drehbuch" aus und dreht danach ein Bewerbungsvideo. Diskutiert anschließend die Ergebnisse in der Großgruppe.**

# Ein Weblog für die Bewerbung

Ein Blog speziell für Bewerbungen ist ein **Onlinetagebuch** mit verschiedenen Beiträgen rund um die eigene Bewerbung. In dem Blog kannst du z. B. Beiträge über Ausbildungsberufe und Ausbildungsbetriebe, deine Hobbys und Interessengebiete schreiben.
Mit einem Weblog für die Bewerbung bist du für den Personalverantwortlichen **während des gesamten Bewerbungsverfahrens präsent** und kannst dort **über deine Fähigkeiten und Interessen informieren**. So kann sich ein Personalverantwortlicher ein umfassenderes Bild von dir machen. Auf den Blog hinweisen kannst du z. B. in deinem Lebenslauf.

Was du vor der Einrichtung eines Blogs bedenken solltest, ist, dass er **regelmäßig gepflegt** werden muss. Ansonsten ist er nämlich eher schädlich als nützlich: Wenn du in deiner Bewerbung darauf hinweist, einen Blog zu schreiben, und der Personalverantwortliche findet dort nur wenige Einträge, die auch schon Wochen alt sind, wird er nicht den besten Eindruck von dir erhalten.

 **Aufgabe**

**Erstellt in Kleingruppen einen der folgenden Beiträge für einen Blog und diskutiert den Beitrag in der Großgruppe.**

- **Vorstellung von Ausbildungsberufen**
- **Vorstellung von Hobbys**
- **Vorstellung von Ausbildungsbetrieben**
- **Vorstellung von Interessengebieten**

✱ **Zusatzaufgabe**

**Recherchiere mit einem Partner nach kostenlosen Anbietern für Weblogs, die ihr für ein Bewerbungstagebuch nutzen könntet. Tragt eure Ergebnisse in der Großgruppe zusammen.**

# Die Crossmedia-Bewerbung

„Crossmedia" bedeutet, dass man nicht nur einen Weg für seine Bewerbung nutzt, sondern **mehrere Medien** – z. B. Brief und E-Mail – **miteinander verbindet**.

Die häufigste Form einer Crossmedia-Bewerbung besteht darin, dass du eine Anfrage online per E-Mail an das Unternehmen versendest, bei dem du dich bewerben willst. Darin schickst du dem Personalverantwortlichen **dein Bewerbungsanschreiben und deinen Lebenslauf** und kündigst an, dass er außerdem in den nächsten Tagen eine **ausführliche schriftliche Bewerbung per Post** erhalten wird. Das ist eine komplette Bewerbungsmappe mit Deckblatt, Anschreiben, ggf. Dritter Seite, Lebenslauf und Zeugnissen.

Eine solche Crossmedia-Bewerbung hat den **Vorteil**, dass du den Personalverantwortlichen mehrfach auf dich aufmerksam machst. Zudem kann es günstig sein, dass er sich schon mit deinem Anschreiben und Lebenslauf beschäftigt hat, bevor er einen Berg von Bewerbungsmappen durchsieht. **Andererseits** kann so eine doppelte Bewerbung aber auch aufdringlich wirken. Deshalb solltest du gut überlegen, ob dir diese Form eher Vor- oder Nachteile bringt.

**Weitere Beispiele** für eine Crossmedia-Bewerbung sind ein schriftliches Bewerbungsanschreiben, in dem auf einen Blog/eine Homepage mit weiteren Angaben zur Person verwiesen wird, oder ein Bewerbungsformular, in dem nach dem Ausfüllen der persönlichen Angaben um die Übersendung von Lebenslauf und Zeugnissen gebeten wird.

**Aufgabe**

**Erstellt in Kleingruppen die digitalen Teile einer üblichen Crossmedia-Bewerbung mit Online-Anfrage und zugehörigen Unterlagen für einen Ausbildungsberuf eurer Wahl. Nutzt dazu die persönlichen Angaben von einer Person eurer Gruppe. Bezieht euch in der Anfrage auf den Ausbildungsberuf, für den ihr euch bewerbt, und nennt die Anlagen, die ihr angefügt habt und die ihr per Post schicken wollt.**

# Checkliste für die Online-Bewerbung

Bei einer **Onlinebewerbung** schickst du deine Bewerbung nicht in Papierform an ein Unternehmen, sondern du benutzt dazu das Internet. Entweder schickst du deine Unterlagen per **E-Mail** (achte darauf, dass diese Möglichkeit in dem Stellenangebot ausdrücklich erwähnt wird) oder füllst auf der Homepage des Unternehmens ein **Bewerbungsformular** aus.

Stelle sicher, dass du dazu die technischen Voraussetzungen für die **Digitalisierung von Bewerbungsunterlagen** hast, und erstelle die entsprechenden Dateien.

Deine Bewerbung kannst du mit **zusätzlichen Angeboten** attraktiver gestalten: Du kannst eine Videobewerbung erstellen, einen Blog schreiben, eine Bewerbungshomepage anlegen oder eine Crossmedia-Bewerbung erstellen. Überlege dir bei all diesen Möglichkeiten jedoch vorher, ob Aufwand und Nutzen in einem guten Verhältnis stehen!

## Checkliste für die Online-Bewerbung

- ☐ Ich kenne mich mit Online-Recherchen aus.
- ☐ Ich beherrsche die technischen Voraussetzungen für die Digitalisierung von Bewerbungsunterlagen.
- ☐ Ich kann eine E-Mail-Bewerbung erstellen.
- ☐ Ich kann ein Bewerbungsformular ausfüllen.
- ☐ Ich kann eine Bewerbungshomepage erstellen.
- ☐ Ich weiß, wie eine Videobewerbung aussehen sollte.
- ☐ Ich weiß, was in einem Blog für eine Bewerbung enthalten sein sollte.
- ☐ Ich kann eine Crossmedia-Bewerbung erstellen.

**Aufgabe**

**Kreuze in der Checkliste an, was du schon weißt und worüber du dich informiert hast.**

# Diskussion zur Onlinebewerbung

## Placemat

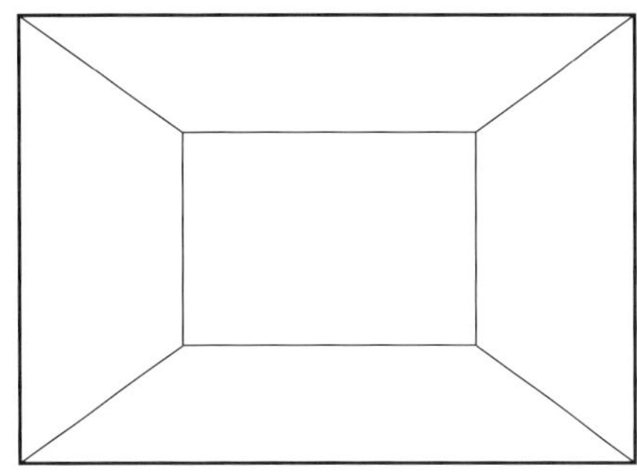

Bei der Placemat-Methode teilt ihr euch zunächst in 4er-Gruppen ein. Dann setzt sich jede Gruppe um ein DIN-A3-Blatt, das ihr wie in der Abbildung rechts aufteilt.

Wählt eine Frage aus, mit der ihr euch beschäftigen wollt, und schreibt sie in den mittleren Kasten (sodass noch Platz bleibt). In den nächsten Minuten schreibt jeder in das Feld vor sich eine Antwort auf die Frage. Sind alle fertig, wird das Blatt nach und nach gedreht, sodass jeder die Antwort der anderen lesen kann. Liegt das Blatt wieder in der Ausgangslage, versucht ihr, eine gemeinsame Antwort auf die Frage zu formulieren. Habt ihr das geschafft, schreibt ihr diese unter die Frage in den mittleren Kasten. Wenn ihr euch nicht auf eine Antwort einigen könnt, dürft ihr auch mehrere Sätze in den mittleren Kasten schreiben. Tauscht eurer Blatt mit den anderen Gruppen aus und diskutiert deren Placemats.

**Aufgabe**

**Beantwortet in Gruppen eine der folgenden Fragen mithilfe der Placemat-Methode.**

- **Was ist bei einer Onlinerecherche nach Stellenangeboten zu beachten?**
- **Was ist bei der Digitalisierung von Bewerbungsunterlagen wichtig?**
- **Wie erstellt man eine E-Mail-Bewerbung?**
- **Worauf würdest du als Personalverantwortlicher bei einer Videobewerbung besonders achten?**
- **Welche Tipps zur Erstellung einer Bewerbungshomepage würdest du einem Freund geben?**
- **Welche Art von Bewerbung hältst du für erfolgversprechender: eine klassische Papier-Bewerbung oder eine E-Mail-Bewerbung?**

# 4. Assessment-Center

# Lehrerhinweise

Mit dem Arbeitsblatt **„Was ist ein Assessment-Center?“ (S. 73) erfahren die Schüler, was diese besondere Form des Auswahlverfahrens ausmacht**, und überlegen konkret in Kleingruppen, welche Aufgaben in so einem Verfahren auf sie zukommen könnten.

Das Ziel des Arbeitsblatts **„Allgemeinwissentest“ (S. 74)** ist, mithilfe eines Multiple-Choice-Tests **Fragen zu Schul-, Zeitungs- und Allgemeinwissen** kennenzulernen. Es gibt auch unzählige Tests dazu im Internet, die man über den Suchbegriff „Allgemeinwissen-Test“ finden kann. Regen Sie die Schüler an, so selbst ihre Allgemeinbildung zu trainieren.

Im nächsten Arbeitsblatt **„Persönlichkeitstest“ (S. 75)** diskutieren die Schüler anhand von **Beispielfragen, welche Informationen** über die eigene Persönlichkeit Industrie, Banken und Handel **aus den Tests herauslesen** können.

Ziel des Arbeitsblattes **„Selbstpräsentation“ (S. 76/77)** ist es, diese **mithilfe eines Rollenspiels**, dem Bewerbungs-Theater, **zu üben**.

**Fragen zu bestimmten Vorgehensweisen beantworten** und **Aufgaben zu erfüllen**, stehen auf der nächsten Seite **„Testfragen/Übungen“ (S. 78)** im Vordergrund. Es geht darum, nach dem Einkauf von Büromaterial zu recherchieren und zu bestellen, eine klassische Aufgabe in einem Assessment-Center.

Anhand des nächsten Arbeitsblattes **„Interview“ (S. 79)** üben die Schüler ein kurzes Vorstellungsgespräch, wie es im Assessment-Center üblich ist. In einem **Rollenspiel** befragt der Personalverantwortliche in einem **Speed-Interview** den Bewerber.

Beim Arbeitsblatt **„Gruppendiskussion/Gruppenaufgabe“ (S. 80)** sollen die Schüler mit der **Fishbowl-Methode** ein Thema aus den Bereichen Politik oder Ausbildung/Berufe besprechen. Als Zusatzaufgabe kann eine **klassische Gruppenübung** durchgeführt werden, in der die Schüler in Kleingruppen aus vorgegebenen Materialien eine Brücke bauen müssen, die eine kleine Flasche Wasser (0,5 l) trägt. Hierzu müssen Sie pro Gruppe folgende Materialien zur Verfügung stellen: 3 Bogen Kartonpapier DIN A3, 4 Bogen Papier DIN A4, einen Kleber, eine Schere, ein Bleistift, ein Radiergummi und ein Lineal (30 cm). Dazu kommt die Flasche Wasser, mit der die Tragfähigkeit der Brücke überprüft werden kann. Für diese Aufgabe muss eine komplette Unterrichtsstunde eingeplant werden.

Lernziel des Arbeitsblatts **„Rollenspiel“ (S. 81)** ist es, ein **Gespräch zwischen Vorgesetztem und Auszubildendem** zu simulieren. Anschließend wird das Rollenspiel von den anderen Schülern mithilfe eines Brainwritings bewertet.

Mithilfe der **„Checkliste zum Assessment-Center“ (S. 82)** überprüfen die Schüler ihr Wissen über die Inhalte des bearbeiteten Kapitels.

Als Abschluss können die Schüler mit dem **„Rätsel zum Assessment-Center“ (S. 83)** spielerisch die Bereiche Selbstpräsentation, Testfragen, Interview, Gruppendiskussion usw. wiederholen.

# Was ist ein Assessment-Center?

Ein Assessment-Center (Assessment = Bewertung, Einschätzung) ist ein besonderes **Auswahlverfahren bei einer Bewerbung**, das vor allem in Industrie, Banken und Handel angewendet wird. Zu einem solchen Auswahlverfahren werden an einem oder mehreren Tagen die besten Bewerber eingeladen. Dort müssen sie **unterschiedliche Aufgaben** bewältigen, z. B.

- Allgemeinwissentest
- Persönlichkeitstest
- Selbstpräsentation
- Testfragen/Übungsaufgaben
- Interview
- Gruppendiskussion
- Rollenspiel
- usw.

Das Ziel der Personalverantwortlichen ist es dabei, die **Bewerber besser kennenzulernen** und ihre **Fähigkeiten besser einschätzen** zu können.
Mithilfe eines Interviews oder Persönlichkeitstests versuchen sie z. B., herauszufinden, über welches Fachwissen und welche Fähigkeiten der Bewerber verfügt. Darüber hinaus beobachten und analysieren sie insbesondere das

Verhalten der Bewerber, während diese die Aufgaben bearbeiten. Dadurch wollen sie etwas über deren soziale Kompetenzen erfahren. In einer Gruppendiskussion können sie z. B. erfahren, ob ein Bewerber eher zurückhaltend oder forsch auftritt, in einem Rollenspiel, wie er sich gegenüber Kunden verhält, oder in einer Gruppenaufgabe, ob er gut im Team arbeiten kann oder eher ein „Einzelkämpfer" ist.

So können die Personalverantwortlichen am Ende besser als nach einem einfachen Vorstellungsgespräch einschätzen, ob ein Bewerber **die fachlichen und persönlichen Voraussetzungen für die ausgeschriebene Stelle** mitbringt.

**Aufgabe**

**Setzt euch in Kleingruppen zusammen und stellt euch vor, ihr seid Personalverantwortliche einer Bank, eines Krankenhauses oder eines Zeitungsverlages, die einen Auszubildenden als Bankkaufmann/-frau, Krankenpfleger/in oder Mediengestalter/in suchen. Überlegt gemeinsam, welche Aufgaben ihr einem Bewerber in einem Assessment-Center stellen würdet.**

**Zusatzaufgabe**

**Recherchiere im Internet nach Aufgaben, die im Assessment-Center gestellt werden. Tausche dich mit deinen Mitschülern über die Ergebnisse aus.**

# Allgemeinwissentest

Bei einem Allgemeinwissentest wird dein **Zeitungswissen, Schulwissen** und deine **Allgemeinbildung** überprüft.

**Frage 1:**

Wer war Bundeskanzler, als Deutschland wiedervereinigt wurde?

- ☐ Gerhard Schröder
- ☐ Angela Merkel
- ☐ Helmut Kohl

**Frage 2:**

Wer wählt den Bundespräsidenten?

- ☐ die Bundesversammlung
- ☐ die Bevölkerung
- ☐ der Bundestag

**Frage 3:**

Was ist der beste Wärmeleiter?

- ☐ Metall
- ☐ Kunststoff
- ☐ Holz

**Frage 4:**

Wenn gestern vor drei Tagen Mittwoch war, welcher Tag ist morgen?

- ☐ Sonntag
- ☐ Montag
- ☐ Dienstag

**Frage 5:**

Welches ist ein Wirtschaftsunternehmen?

- ☐ Microsoft
- ☐ Caritas
- ☐ SOS-Kinderdörfer

**Frage 6:**

Welches ist ein Bundesland?

- ☐ Berlin
- ☐ Koblenz
- ☐ Garmisch-Partenkirchen

**Frage 7:**

Welche ist eine Millionenstadt?

- ☐ Berlin
- ☐ Würzburg
- ☐ Schweinfurt

**Frage 8:**

Welches Land grenzt nicht an Deutschland?

- ☐ Luxemburg
- ☐ Tschechien
- ☐ Italien

**Frage 9:**

Wo residiert der Papst?

- ☐ in einer Villa
- ☐ in einem kleinen Haus
- ☐ im Vatikan

**Frage 10:**

Wofür steht die Abkürzung CDU?

- ☐ Club deutscher Unternehmer
- ☐ Christlich Deutsche Union
- ☐ Christlich Demokratische Union

↘ **Aufgabe**

**Kreuze bei den Fragen jeweils die richtige Antwort an.**

* **Zusatzaufgabe**

**Recherchiere im Internet nach Tests und trainiere damit dein Allgemeinwissen.**

# Persönlichkeitstest

Bei Persönlichkeitstests in Industrie, Banken und Handel geht es darum, herauszufinden, welche **Fähigkeiten** dich auszeichnen und ob du **zu dem Betrieb passt**, bei dem du dich beworben hast.

## Frage 1:

Was benötigst du am Arbeitsplatz?

- ☐ eine ruhige Umgebung
- ☐ Abwechslung
- ☐ viele Menschen

## Frage 2:

Was ist dir an einem Arbeitsplatz wichtig?

- ☐ Aufstiegsmöglichkeiten
- ☐ gesichertes Einkommen
- ☐ gesicherter Arbeitsplatz

## Frage 3:

Was ist dir bei Gruppenarbeiten am wichtigsten?

- ☐ dass jeder gleich viel beiträgt
- ☐ dass ein gutes Ergebnis dabei herauskommt
- ☐ dass die Zusammenarbeit gut funktioniert

## Frage 4:

Welche Eigenschaft sollte eine Bankkauffrau am meisten besitzen?

- ☐ Sorgfalt
- ☐ Zuverlässigkeit
- ☐ am Ergebnis orientiert sein

## Frage 5:

Worauf legst du in der Ausbildung Wert?

- ☐ Leistung bringen zu können
- ☐ ein gutes Gehalt
- ☐ nette Mitarbeiter

**Aufgabe**

**Kreuze bei den Fragen jeweils eine Antwort an. Vergleiche deine Antworten mit denen eines Partners. Diskutiert ggf. Unterschiede und überlegt, was diese über eure Persönlichkeit aussagen.**

# Selbstpräsentation_1

Zu dem Assessment-Center zählt in der Regel eine Selbstpräsentation. Hierbei **stellst du dich** den anwesenden Personalverantwortlichen **vor** und **erläuterst deinen Lebenslauf**. Zudem **erklärst du, warum du dich bei diesem Unternehmen beworben hast**. Stelle dich bei der Präsentation auch darauf ein, Fragen zu dir beantworten zu müssen.
Diese Selbstpräsentation kannst du gut vorher in einem **Bewerbungstheater** üben.

## Bewerbungstheater

- → Setzt euch in 3er-Gruppen zusammen.
- → Ein Schüler ist der Personalverantwortliche, ein anderer ist der Bewerber und ein dritter ist der Regisseur. Teilt diese Rollen unter euch auf.
- → Überlegt gemeinsam, wie eine Selbstpräsentation aussehen könnte.
- → Der Regisseur gibt nun den genauen Ablauf der Szene vor, indem er beschreibt, wie sich die beiden anderen verhalten sollen. Ggf. kann er auch vorgeben, was sie sagen sollen.
- → Die beiden Schauspieler spielen die Bewerbungssituation. Der Regisseur kann ggf. eingreifen und Änderungen vorschlagen.
- → Alle Gruppen spielen ihre Szene der Klasse vor.
- → Die anderen Schüler bewerten anschließend die Schauspielergruppe.

## Aufgaben

**1. Spielt das Bewerbungstheater. Nutzt für den Personalverantwortlichen folgende Aufforderung/Fragen:**
   **a) Erzählen Sie etwas von sich.**
   **b) Warum haben Sie sich bei unserem Unternehmen beworben?**
   **c) Kennen Sie unsere Produkte?**
   **d) Warum, glauben Sie, passen Sie zu unserem Unternehmen?**
   **e) Was möchten Sie bei uns erreichen?**

# Selbstpräsentation_2

Der Bewerber kann sich eine der folgenden Personen aussuchen:

| | |
|---|---|
| **Frank Mekle**<br>Kaufmann im Einzelhandel<br>zwei Praktika<br>Freundlichkeit und Engagement  | **Veronica Hufstedt**<br>Tierpflegerin<br>ein Praktikum<br>Zuverlässigkeit  |
| **Maria Lange**<br>Industriekauffrau<br>Mitarbeit in der Schülerfirma<br>Engagement  | **Dimitri Jaschin**<br>Bankkaufmann<br>zwei Praktika<br>Freundlichkeit  |

**2. Bewertet die Antworten auf die Aussagen/Fragen des Personalverantwortlichen auf einer 9-stufigen Skala.**

| | | | | | | | | | | | |
|---|---|---|---|---|---|---|---|---|---|---|---|
| **a)** | Gut | | | | | | | | | | Nicht so gut |
| **b)** | Gut | | | | | | | | | | Nicht so gut |
| **c)** | Gut | | | | | | | | | | Nicht so gut |
| **d)** | Gut | | | | | | | | | | Nicht so gut |
| **e)** | Gut | | | | | | | | | | Nicht so gut |

**Zusatzaufgabe**

**Erstelle eine Selbstpräsentation für dich und übe sie vor dem Spiegel. Ggf. kannst du einen Freund bitten, sie anzuhören und Fragen eines Personalverantwortlichen dazu zu stellen.**

# Testfragen/Übungen

Bei einem Assessment-Center als Auswahlverfahren musst du oft **Testfragen beantworten** bzw. verschiedene **Übungen für Auszubildende** durchlaufen. Du musst z. B. Büromaterial bestellen, eine Kundenbeschwerde bearbeiten oder Produkte verkaufen.

## Beispiel: Einkauf von Büromaterial

**Testfragen**
Wie würdest du Büromaterial am schnellsten bestellen?
Wie recherchierst du beim Einkauf von Büromaterial?
Wie würde der Einkauf ablaufen?

**Übung**
Stelle in einem Rollenspiel die Bestellung von Büromaterial mit Telefon und E-Mail dar. Du bist der Einkäufer, unsere Personalassistentin ist der Büroartikelhändler. Du sollst zu einem möglichst günstigen Preis 2000 Blatt Kopierpapier einkaufen.

### Aufgaben

1. **Suche dir einen Partner. Führt gemeinsam die Übung durch. Orientiert euch dabei an folgenden Angaben:**

   Einkäufer:
   - 2000 Blatt Kopierpapier
   - günstiger Preis

   Büroartikelhändler:
   - verschiedene Sorten von Kopierpapier
   - Mengenrabatt: 2 Prozent ab 1000 Blatt, 5 Prozent ab 2000 Blatt

2. **Lost ein Team aus, das sein Gespräch vor der Klasse vorspielt. Diskutiert, ob sich der Bewerber überzeugend verhalten hat.**

# Interview

Das Interview in einem Assessment-Center ist ein etwas **kürzeres Vorstellungsgespräch**. Bei dem Interview befragt dich der Personalverantwortliche über die Gründe deiner Bewerbung, deine Stärken, Hobbys usw.

## Speed-Interview

→ Je zwei Schüler bilden ein Team. Einer ist der Personalverantwortliche, der zweite der Bewerber.
→ Der Personalverantwortliche stellt innerhalb von etwa fünf Minuten einige Fragen. Der Bewerber sollte in ein bis zwei Sätzen antworten.
→ Anschließend kann das Speed-Interview von den Zuschauern ausgewertet werden.

## Aufgaben

1. **Führt zu zweit ein Speed-Interview durch. Dazu kann der Personalverantwortliche folgende Fragen nutzen:**
   - **In welchem Ausbildungsberuf möchten Sie eine Ausbildung absolvieren?**
   - **Was sind die Gründe Ihrer Bewerbung?**
   - **Was sind Ihre Stärken?**
   - **Welche Hobbys haben Sie?**

   **Der Bewerber hat folgende Informationen:**
   - Frank Mekle
   - Kaufmann im Einzelhandel
   - zwei Praktika
   - Freundlichkeit
   - Fußball

2. **Wählt ein Paar aus, das sein Interview der Klasse vorspielt. Die anderen werten das Speed-Interview für den Bewerber aus.**

| **Was war gut?** |
|---|
| • |
| • |
| • |
| **Was war nicht so gut?** |
| • |
| • |
| • |

3. **Diskutiert eure Einschätzungen in der Klasse.**

# Gruppendiskussion/Gruppenaufgabe

Bei einem Assessment-Center finden oft Gruppendiskussionen statt. Eine **Gruppe von Bewerbern** setzt sich dazu zusammen und **spricht über ein vorgegebenes Thema**. Die Diskussion kann sich auf Themen wie Politik, deine Gründe für die Bewerbung, Unternehmen und Berufe beziehen. Die Personalverantwortlichen wollen sich so ein Bild von der Persönlichkeit der Bewerber machen: Wer ist eher aktiv, wer passiv? Führt jemand das große Wort? Gibt es jemanden, der immer wieder schlichtend eingreift? usw.

Manchmal bekommt die Gruppe stattdessen auch eine **Aufgabe, die sie gemeinsam lösen muss**, z. B. aus bestimmten Materialien in einer bestimmten Zeit eine Brücke bauen o. Ä. Auch hier interessiert die Personalverantwortlichen vor allem das Verhalten in der Gruppe: Wer kann gut im Team arbeiten? Wer schließt sich aus? Übernimmt jemand die Führung der Arbeit? usw.

## Fischbowl

- → Bildet einen Innenkreis und einen Außenkreis.
- → Diejenigen, die im Innenkreis sitzen, diskutieren über ein vorgegebenes Thema.
- → Wer im Außenkreis sitzt, beobachtet die Diskussion.
- → Möchte jemand nicht mehr mitdiskutieren, wechselt er in den Außenkreis.
- → Möchten Teilnehmer aus dem Außenkreis mitdiskutieren, wechseln sie in den Innenkreis.

### Aufgaben

1. **Diskutiert mit der Fishbowl-Methode eines der folgenden Themen:**
   - **Welches Bild wird in den Medien von der Bundeskanzlerin gezeigt?**
   - **Sollten Jugendliche ab 16 Jahren bei der Bundestagswahl wählen dürfen?**
   - **Würdest du für einen Ausbildungsplatz in eine weit entfernte Stadt umziehen?**
   - **Würdest du lieber in einem Großunternehmen, wie z. B. BMW, eine Ausbildung machen wollen oder lieber in einem kleineren Familienbetrieb?**
2. **Fasst die Diskussion zusammen: Die Schüler, die im Außenkreis das Gespräch beobachtet haben, berichten von ihren Beobachtungen: Welcher Bewerber hat sich in der Diskussion besonders hervorgetan/wer konnte nicht überzeugen?**

### Zusatzaufgabe

**Setzt euch in 6er-Gruppen zusammen. Jede Gruppe erhält folgende Materialien:**

- **3 Bogen Kartonpapier DIN A3**
- **4 Bogen Papier DIN A4 für Entwürfe**
- **Kleber**
- **Schere**
- **Bleistift**
- **Radiergummi**
- **Lineal (30 cm)**

**Daraus sollt ihr innerhalb einer Schulstunde eine Brücke bauen, die frei steht und eine kleine Flasche Wasser tragen kann. Euer Lehrer bewertet am Schluss, welche Brücke am besten gebaut ist. Tauscht euch hinterher über die Arbeit in den Gruppen aus.**

# Rollenspiel

Bei einem Assessment-Center werden häufig Rollenspiele durchgeführt. Dabei wird z. B. ein **Gespräch von einem Vorgesetzten mit einem Angestellten** oder ein **Gespräch unter Kollegen** durchgespielt. Es werden eine bestimmte Situation vorgegeben, z. B. eine Gehaltsverhandlung mit dem Vorgesetzten führen oder einen Kollegen von einem Projekt überzeugen. In diesen Gesprächen geht es darum, die **unterschiedlichen Positionen auszutauschen** und zu einer **gemeinsamen Lösung** zu finden. Anschließend wird das Rollenspiel von den Personalverantwortlichen bewertet.

## Brainwriting

Bei einem Brainwriting schreibt ihr Begriffe zu einer Frage/einem Thema auf eine Folie, die die Klasse ein- oder mehrmals durchläuft. Anschließend wertet ihr sie in der Klasse aus. Die Begriffe können dabei zu Gruppen zusammengefasst und in einer Mindmap festgehalten werden.

 **Aufgaben**

1. **Bestimmt zwei Freiwillige, die folgende Situation in einem kurzen Rollenspiel vor der Klasse vorführen.**

   Der erste Spieler ist ein Teamleiter, der andere ein Auszubildender in einem Unternehmen eurer Wahl. Der Auszubildende hat um ein Gespräch gebeten, weil er findet, dass er nicht genug unterschiedliche Aufgaben bekommt und seine Ausbildung zu einseitig ist. Der Teamleiter meint jedoch, dass er sich genau an die vorgegebene Ausbildungsordnung hält.

2. **Die Zuschauer überlegen sich während der Vorführung, worauf ein Personalverantwortlicher bei diesem Rollenspiel wohl besonders achtet. Lasst eine Folie herumgehen und haltet mithilfe eines Brainwritings eure Überlegungen fest.**
3. **Diskutiert anhand der Folie, welche Schlüsse ein Personalverantwortlicher aus einem Rollenspiel über einen Bewerber ziehen kann.**

# Checkliste zum Assessment-Center

Zu einem Assessment-Center werden die **geeignetsten Bewerber** für eine ausgeschriebene Stelle eingeladen, um sie **an einem oder mehreren Tagen genauer „unter die Lupe" nehmen** zu können.

Innerhalb dieses Bewerbungsverfahrens müssen die Bewerber **Aufgaben** wie Allgemeinwissenstests, Persönlichkeitstests, eine Selbstpräsentation, Testfragen/Übungsaufgaben, ein Interview, eine Gruppendiskussion und Rollenspiele **bewältigen**.

Mit der folgenden Checkliste kannst du noch einmal überprüfen, **was du über Assessment-Center weißt**.

## Checkliste für Assessment-Center

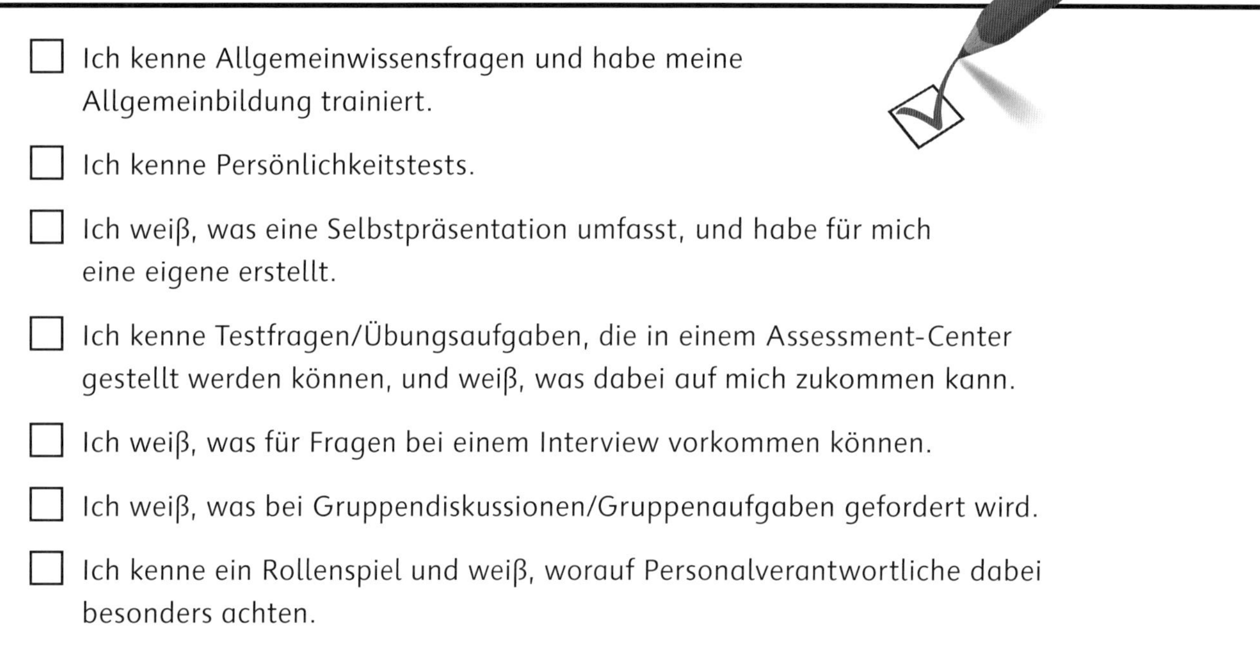

- ☐ Ich kenne Allgemeinwissensfragen und habe meine Allgemeinbildung trainiert.
- ☐ Ich kenne Persönlichkeitstests.
- ☐ Ich weiß, was eine Selbstpräsentation umfasst, und habe für mich eine eigene erstellt.
- ☐ Ich kenne Testfragen/Übungsaufgaben, die in einem Assessment-Center gestellt werden können, und weiß, was dabei auf mich zukommen kann.
- ☐ Ich weiß, was für Fragen bei einem Interview vorkommen können.
- ☐ Ich weiß, was bei Gruppendiskussionen/Gruppenaufgaben gefordert wird.
- ☐ Ich kenne ein Rollenspiel und weiß, worauf Personalverantwortliche dabei besonders achten.

**Aufgabe**

**Kreuze in der Checkliste an, was du schon weißt und worüber du dich informiert hast.**

# Rätsel zum Assessment-Center

**Aufgabe**
**Überlege, welche Wörter in den Sätzen unten fehlen, und trage sie in die Lücken ein (Achtung: ä=ae, ü=ue, ö=oe). Wenn du alle Begriffe richtig eingesetzt hast, bilden die Buchstaben der markierten Felder das Lösungswort.**

1. In einer Selbstpräsentation erläuterst du deinen _ _ ☐(4) _ _ _ _ _ _ _ _.
2. In einem Allgemeinwissentest wird neben Schulwissen und Allgemeinbildung auch _ _ _ _ _ ☐(11) _ _ _ _ _ _ _ ☐(7) _ abgefragt.
3. Wie man Büromaterial bestellt, ist eine häufig gestellte _ _ _ _ _ ☐(3) _ _ _.
4. Ein Interview ist ein kürzeres ☐(1) _ _ _ _ _ _ _ _ _ _ _ _ ☐(5) _ _ _ _ _ _ _.
5. Wenn sich mehrere Bewerber über ein Thema unterhalten, ist das eine ☐(12) _ _ _ _ _ _ _ ☐(8) _ _ _ _ _ _ _ _.
6. Wenn die Personalverantwortlichen sehen wollen, wie Bewerber im Team arbeiten, stellen sie eine _ ☐(6) ☐(10) _ _ _ _ _ _ _ _ _ _ _.
7. Bei einem Rollenspiel kommt es darauf an, eine _ ☐(2) _ _ _ _ _ für ein Problem zu finden.
8. Personalverantwortliche achten beim Lösen von Aufgaben besonders auf das _ _ _ _ _ _ ☐(9) _ _ des Bewerbers.

**Lösungswort: Was ist bei einem Auswahlverfahren wichtig?**

☐ ☐ ☐ ☐ ☐ ☐ ☐ ☐ ☐ ☐ ☐ ☐
1 2 3 4 5 6 7 8 9 10 11 12

# 5. Vorstellungsgespräch

# Lehrerhinweise

Im Arbeitsblatt **„Kleidung und Auftreten" (S. 87)** erarbeiten die Schüler im **Unterrichtsgespräch**, was bei einem Vorstellungsgespräch angemessen ist.

Wie man sich im Vorstellungsgespräch präsentieren sollte, lernen die Schüler in Arbeitsblatt **„Körpersprache und Stimme" (S. 88)** kennen. Dazu **vergleichen sie die Körperhaltung unterschiedlicher Bewerber** mithilfe von Fotos und beurteilen diese.

Im Arbeitsblatt **„Strategien gegen Lampenfieber" (S. 89)** erhalten die Schüler Übungen und Handlungsempfehlungen, die gegen Nervosität vor einem Vorstellungsgespräch helfen. Sie **erarbeiten weitere Strategien** und probieren einige aus.

Lernziel des Arbeitsblattes **„Fragen im Vorstellungsgespräch" (S. 90/91)** ist es, **verschiedene Fragetypen** (Faktenfragen, Erzählfragen, Bewertungsfragen, Handlungsfragen) sowie **häufig gestellte Fragen im Bewerbungsgespräch kennenzulernen**. Die Schüler sammeln mit einem Partner Fragen für ein Bewerbungsgespräch und formulieren Antworten darauf. Zusätzlich können sie auch im Rollenspiel üben, auf häufig gestellte Fragen gut zu antworten.

Im Arbeitsblatt **„Der Gesprächsablauf im Vorstellungsgespräch" (S. 92)** wird der **Verlauf eines Bewerbungsgesprächs analysiert** und ein **fiktives Gespräch skizziert**. Zudem kann ein Vorstellungsgespräch in einem Rollenspiel geübt werden.

Mithilfe der **„Checkliste für das Vorstellungsgespräch" (S. 93) überprüfen die Schüler ihr Wissen** über die Inhalte des bearbeiteten Kapitels.

Als Abschluss können die Schüler mit dem **„Vorstellungs-Puzzle" (S. 94)** spielerisch die wichtigsten **Informationen** aus den Bereichen Körpersprache und Stimme, Strategien gegen Lampenfieber/Nervosität sowie Kleidung und Auftreten **wiederholen**.

# Kleidung und Auftreten

Nach einer schriftlichen Bewerbung kann es sein, dass du zum **Vorstellungsgespräch** eingeladen wirst. Bei diesem Bewerbungsgespräch solltest du neben der fachlichen Vorbereitung auch auf deine **Kleidung** und dein **Auftreten** achten.

Überlege dir im Vorfeld, welche **Kleidung** dem Beruf, für den du dich bewirbst, **angemessen** ist: Wenn du dich in einer Bank vorstellst, wirst du möglicherweise einen Anzug oder ein Kostüm tragen; gehst du zu einer Werbeagentur, kann dein Outfit etwas lockerer und stylischer sein. Wichtig ist, dass deine Sachen immer sauber und gepflegt sind. Versuche, auffällige Tattoos und Piercings zu verdecken. Miniröcke, tiefe Ausschnitte und Muskelshirts haben bei einem Vorstellungsgespräch nichts zu suchen!
Dein **Auftreten** sollte **natürlich** sein und einen **seriösen Eindruck** machen. Sei offen deinen Gesprächspartnern gegenüber und **zeige Interesse** an der Firma und dem ausgeschriebenen Ausbildungsplatz. Ein wenig Zurückhaltung (ohne schüchtern zu wirken) ist im Gespräch besser als übersteigertes Selbstbewusstsein (warte z. B. darauf, dass du angesprochen wirst, dir jemand einen Stuhl anbietet usw.).
Wichtig ist, dass der **erste Eindruck** positiv ist, denn von diesem Auftakt hängt oft das gesamte folgende Gespräch ab.

 **Aufgaben**

1. **Überlegt in der Klasse, welches Outfit für die folgenden Bewerber passend ist:**
   - **Ömer Erdal: Kaufmann im Großhandel**
   - **Julia Müller: Tierpflegerin**
   - **Nele Berger: Köchin**
   - **Maria Lange: Industriekauffrau**
2. **Legt eine Liste an, in der ihr Tipps und No gos für Bewerbungsoutfits sammelt.**

| Tipps für ein Bewerbungsoutfit | No gos bei einem Bewerbungsoutfit |
|---|---|
| Die Kleidung muss zum Beruf passen. | Ein zu sexy Outfit macht einen unseriösen Eindruck. |
| Die Kleidung muss sauber sein. | Zu viel Parfum/Aftershave wirkt aufdringlich. |
| ... | ... |

# Körpersprache und Stimme

Bei einem Vorstellungsgespräch geht es auch um andere Dinge als um sachliche Fragen: Die Personalverantwortlichen achten auch sehr genau darauf, **wie du aussiehst, dich darstellst** und **wie du sprichst**. Du solltest daher während des Gesprächs auf deine **Körpersprache (Haltung, Gestik und Mimik)** sowie deine **Stimme (Stimmlage)** achten.
Deine Körpersprache sollte **Selbstbewusstsein** zum Ausdruck bringen, dazu ist deine Haltung aufrecht und deine Gestik und Mimik entspannt. Schaue deinen Gesprächspartner direkt an und lächle möglichst oft. Deine Stimme sollte **freundlich klingen**, achte daher darauf, dass deine Stimmlage nicht zu hoch oder gar schrill ist.

**Aufgabe**
**Vergleiche die beiden Fotos von Bewerbungsgesprächen: Was fällt dir in der Körperhaltung der beiden Bewerberinnen auf? Tausche dich mit einem Partner darüber aus.**

**Zusatzaufgabe**
**Übt Körpersprache und Stimme im Vorstellungsgespräch in 3er-Gruppen: Zwei spielen das Gespräch vor, der Dritte beobachtet den Bewerber und gibt ihm Rückmeldung zu seiner Gestik, Mimik, Haltung und Stimmlage.**

# Strategien gegen Lampenfieber

Bist du zu einem Vorstellungsgespräch eingeladen, kann es vorkommen, dass du im Vorfeld sehr nervös wirst. Wichtig ist es jedoch, **im Gespräch ruhig und entspannt** zu sein: Zum einen kannst du dann besser auf Fragen und Aufforderungen reagieren, zum anderen sehen die Personalverantwortlichen, dass du auch schwierige Situationen gut meistern kannst. Deshalb solltest du dir **Strategien gegen Nervosität** zurechtlegen.

## Beispiele für Strategien gegen Lampenfieber

→ Ich atme ein paar Mal tief durch, bevor das Gespräch beginnt.
→ Ich zähle langsam bis zehn, bevor ich die Firma betrete.
→ Ich überlege mir im Vorfeld genau, was ich im Vorstellungsgespräch sagen möchte.
→ Ich achte darauf, am Tag des Gesprächs ausreichend geschlafen, gegessen und getrunken zu haben.
→ Ich spiele das Gespräch vorher ein paar Mal mit einem Partner durch.
→ Ich kenne einige einfache Entspannungsübungen, die ich vor dem Gespräch durchführen kann.
→ Ich plane den Weg zur Firma genau, sodass ich in jedem Fall pünktlich vor Ort bin.

→ ..........

→ ..........

→ ..........

→ ..........

→ ..........

 **Aufgaben**

1. **Sucht zu zweit weitere Strategien gegen Lampenfieber und tragt sie auf dem Zettel ein.**
2. **Probiert verschiedene Strategien gegen Nervosität aus oder diskutiert, welche ihr für sinnvoll haltet. Stellt anschließend die besten Strategien in der Klasse vor.**

# Fragen im Vorstellungsgespräch_1

Du solltest dich auf ein Vorstellungsgespräch **gut vorbereiten**, denn schließlich präsentierst du dich darin den Personalverantwortlichen, die später entscheiden, wer eingestellt wird. Im Vorstellungsgespräch wirst du auf unterschiedliche **Fragetypen** reagieren müssen: Faktenfragen, Erzählfragen, Bewertungsfragen und Handlungsfragen. Wichtig ist, dass du weißt, wie du auf die verschiedenen Typen antworten solltest.

## Beispiele für Fragetypen im Bewerbungsgespräch

**Faktenfragen**

*Hier werden nur reine Informationen abgefragt. Deine Antwort kann daher kurz und sachlich ausfallen.*

→ An welchem Ort haben Sie ein Praktikum absolviert?
→ Wann werden Sie Ihren Schulabschluss machen?
→ ...

**Erzählfragen**

*Hier möchten die Fragesteller mehr von dir und deinem Leben erfahren. Diese Fragen sollten daher ausführlich beantwortet werden, ohne jedoch zu sehr abzuschweifen.*

→ Warum haben Sie sich bei uns beworben?
→ Wie verbringen Sie Ihre Freizeit?
→ ...

**Bewertungsfragen**

*Hiermit soll zum einen überprüft werden, ob du dich über den Betrieb und dessen Branche informiert hast, und zum anderen, ob du eine Meinung äußern und diese auch vertreten kannst.*

→ Wie sehen Sie die allgemeine wirtschaftliche Lage in unserer Branche?
→ Wie gefallen Ihnen unsere neuen Produkte?
→ ...

**Handlungsfragen**

*Diese fordern dich dazu auf, zu erläutern, wie du in bestimmten Situationen handeln oder wie du bestimmte Aufgaben durchführen würdest. Fasse dich dabei nicht zu kurz, bleibe aber am Thema.*

→ Wie erreicht man Kundenbindung?
→ Wie reagieren Sie, wenn sich ein Kunde über unser Produkt am Telefon beschwert?
→ ...

# Fragen im Vorstellungsgespräch_2

Es gibt im Bewerbungsgespräch **Fragen, die häufig vorkommen**. Bei den Fragen im Vorstellungsgespräch geht es inhaltlich vor allem um die **Gründe für deine Bewerbung** und **warum du den Beruf ergreifen möchtest**, deine **Kenntnisse der Branche** und **was du im Unternehmen erreichen** möchtest.
Manchmal werden auch **Fragen auf Englisch** gestellt, wenn du dich z. B. für eine Stelle als Tourismuskaufmann/-frau beworben hast.

## Beispiele für häufige Fragen im Bewerbungsgespräch

→ **Frage:** Aus welchem Grund haben Sie sich bei unserem Unternehmen beworben?
**Mögliche Antwort:** Ich habe bei Ihnen schon zwei Praktika gemacht.

→ **Frage:** Aus welchem Grund haben Sie sich für den Beruf Kaufmann im Einzelhandel entschieden?
**Mögliche Antwort:** Ich interessiere mich für den Beruf, weil ich gern mit Menschen zu tun habe und das Verkaufen im Handel sehr spannend finde.

→ **Frage:** Wie ist die allgemeine wirtschaftliche Lage in unserer Branche?
**Mögliche Antwort:** Die Lage in der Branche ist gut, bedingt durch die gute Konjunktur. Im Weihnachtsgeschäft sind die Umsätze sogar sehr gut, soweit ich das nach der Lektüre der Wirtschaftsseiten in Zeitungen beurteilen kann.

→ **Frage:** Was möchten Sie in unserem Unternehmen erreichen?
**Mögliche Antwort:** Ich kann mir gut vorstellen, nach der Ausbildung weiter im Unternehmen zu arbeiten und nach einigen Jahren Abteilungsleiter zu werden.

### Aufgaben

1. **Findet in Kleingruppen weitere Faktenfragen, Erzählfragen, Bewertungsfragen und Handlungsfragen, die in einem Bewerbungsgespräch vorkommen könnten.**
2. **Tauscht mit einer anderen Gruppe eure Fragen aus und beantwortet sie.**

### Zusatzaufgabe

**Informiere dich im Internet über die Fragen, die im Vorstellungsgespräch oft gestellt werden. Überlege dir passende Antworten dazu. Übe mit einem Partner das Gespräch: Einer stellt als Personalverantwortlicher durcheinander die gefundenen Fragen, der andere antwortet darauf. Wechselt dann die Rollen.**

# Der Gesprächsablauf im Vorstellungsgespräch

Der **Gesprächsablauf in einem Vorstellungsgespräch** ist in der Regel immer gleich. Du solltest ihn daher kennen und dich darauf **vorbereiten**.

Das Gespräch **besteht aus den Teilen**
- Begrüßung,
- erste Fragen,
- Hauptteil des Gesprächs und
- Verabschiedung.

In der **Begrüßung** beginnt der Personalverantwortliche in der Regel mit Small Talk, um den Bewerber etwas zu beruhigen und freundlich ins Gespräch einzusteigen: „Hallo, Herr Mekle. Haben Sie gut zu unserem Unternehmen gefunden?". Die **ersten Fragen** beziehen sich dann konkret auf die Bewerbung und ihre Gründe, z. B.: „Für welchen Ausbildungsberuf interessieren Sie sich?" „Warum haben Sie sich bei unserem Unternehmen beworben?" Im **Hauptteil des Gesprächs** fragt der Personalverantwortliche ausführlich nach deinen fachlichen und persönlichen Eigenschaften oder fordert dich auf, deinen Lebenslauf in eigenen Worten zu präsentieren: „Erzählen Sie mal aus Ihrem Lebenslauf. Was ist wichtig?" „Welche Noten haben Sie in Mathe, Deutsch und Englisch?" Du solltest auf diese Fragen/Aufforderungen ausführlich antworten, ohne zu sehr vom Thema abzuschweifen. Gehe dabei auch auf Zwischenfragen ein, die der Personalverantwortliche möglicherweise stellt. Am Ende dieses Teils bekommst du oft auch die Gelegenheit, selbst Fragen zu stellen. In der **Verabschiedung** wird dann bekannt gegeben, wie das Verfahren weitergeht: „Vielen Dank für das gute Gespräch. Wir werden uns Anfang nächster Woche bei Ihnen melden. Auf Wiedersehen."

## Aufgabe

**Setzt euch in Kleingruppen zusammen. Wählt euch eine Person aus, für die ihr ein Bewerbungsgespräch üben wollt.**

| | Ausbildungsplatz ... | Schulbildung | Fähigkeiten |
|---|---|---|---|
| **Leyla Keser** | Tourismuskauffrau | • Gesamtschule, Abitur<br>• gute Noten in Englisch und Spanisch | • längere Auslandsaufenthalte in den Ferien bei Verwandten<br>• Organisationstalent |
| **Dirk Mein** | Kfz-Mechatroniker | • Realschule, Fachoberschulreife<br>• gute Noten in Technik und Informatik | • zwei Schulpraktika in Kfz-Werkstatt und bei BMW<br>• Sorgfalt/Genauigkeit |

**Notiert euch Fragen, die ein Personalverantwortlicher Leyla oder Dirk in einem Vorstellungsgespräch stellen könnte, und überlegt euch passende Antworten dazu (ggf. müsst ihr weitere Informationen über die Bewerber dazuerfinden).**

## Zusatzaufgabe

**Führt ein Rollenspiel durch: Einer aus eurer Gruppe ist der Personalverantwortliche, der andere ist der Bewerber. Die restlichen Gruppenteilnehmer beurteilen das Spiel und geben Tipps, was noch zu verbessern wäre.**

# Checkliste für das Vorstellungsgespräch

Um sich auf ein Vorstellungsgespräch vorzubereiten, solltest du zunächst darüber nachdenken, **wie du dich bei der Firma präsentierst**: Mache dir Gedanken zu deiner **Kleidung/deinem Outfit** und überlege dir, worauf du bei **Auftreten, Körpersprache** (Haltung, Gestik und Mimik) und **Stimme** (Stimmlage), achten musst. Wichtig ist auch, **Strategien gegen Lampenfieber/Nervosität** zu kennen.

Inhaltlich solltest du dich mit **Fragetypen/Fragen im Bewerbungsgespräch** beschäftigen und den **Gesprächsablauf** kennen. Gut ist es, wenn du so ein Gespräch im Vorfeld mit Freunden oder Mitschülern üben kannst.

Mit der folgenden Checkliste kannst du noch einmal überprüfen, **was du über Vorstellungsgespräche weißt**.

## Checkliste für das Vorstellungsgespräch

- ☐ Ich kenne die Empfehlungen für Kleidung und Auftreten im Vorstellungsgespräch.
- ☐ Ich weiß, was in Bezug auf Körpersprache (Haltung, Gestik und Mimik) und Stimme (Stimmlage) bei einem Vorstellungsgespräch wichtig ist.
- ☐ Ich kenne Strategien gegen Lampenfieber/Nervosität und habe die passenden für mich herausgefunden und ausprobiert.
- ☐ Ich kenne Fragetypen und konkrete Fragen im Bewerbungsgespräch und bin darauf vorbereitet, sie zu beantworten.
- ☐ Ich kenne den Gesprächsablauf im Bewerbungsgespräch und bin auf den Ablauf vorbereitet.

**Aufgabe**

**Kreuze in der Checkliste an, was du schon weißt und worüber du dich informiert hast.**

# Vorstellungs-Puzzle_1

**Aufgabe**
**Lege das Bewerbungs-Puzzle: Schneide die Puzzleteile aus und ordne sie auf dem Spielplan richtig an (immer zwei Teile gehören in ein Kästchen). Vergleiche dein Puzzle mit einem Partner und klebe die Teile auf, wenn ihr zu einer gemeinsamen Lösung gekommen seid.**

**Puzzleteile**

| | | |
|---|---|---|
| Zur Körpersprache gehören … | … weil der oft den gesamten Verlauf des Gesprächs bestimmt. | Deine Stimmlage sollte nicht … |
| Am Tag vor dem Vorstellungsgespräch … | … Selbstbewusstsein zum Ausdruck bringen. | … wirkt unseriös und macht einen schlechten Eindruck. |
| Am Tag des Vorstellungsgesprächs … | Ein zu ausgefallenes oder zu sexy Styling … | Bevor du das Unternehmen betrittst, … |
| … Haltung, Gestik und Mimik. | … bist du noch einmal alle möglichen Fragen und Antworten durchgegangen. | Passe dein Outfit … |
| … dem Beruf an, für den du dich bewirbst. | … zu hoch sein und angenehm klingen. | Der erste Eindruck ist wichtig, … |
| … bist du ausgeschlafen und fährst pünktlich los. | Deine Körpersprache sollte … | … machst du eine kurze Entspannungsübung. |

# Vorstellungs-Puzzle_2

Spielplan

| | | |
|---|---|---|
| | | |
| | | |
| | | |
| **Körpersprache und Stimme** | **Strategien gegen Lampenfieber/ Nervosität** | **Kleidung und Auftreten** |

# Lösungen

## Was kann ich? – fachliche Voraussetzungen (S. 12)

**Voraussetzungen für den Beruf Kaufmann/frau im Einzelhandel:**

→ Interesse an kaufmännisch-organisatorischen Fähigkeiten

→ Interesse an verwaltend-organisatorischen Tätigkeiten

→ Interesse an sozial-beratenden Fähigkeiten

→ Konzentrationsfähigkeit (z. B. sorgfältige Beratung trotz lauter Umgebung)

→ Merkfähigkeit (z. B. wichtige Informationen über die Waren)

→ Umstellungsfähigkeit (z. B. Wechsel von Beratung zum Kassieren)

→ Handgeschick (z. B. Auspacken von Waren)

→ kaufmännische Befähigung (z. B. Durchführen von Zahlungen)

→ rechnerisches Denken/Rechenfähigkeit (z. B. Kalkulieren von Preisen)

→ sprachliches Denken/Verständnis für mündliche Äußerungen/mündliches Ausdrucksvermögen (z. B. Verstehen von Kundenfragen/Beraten von Kunden)

## Infoquellen für Stellenangebote (S. 16/17)

**Beispiele für berufsbezogene Fähigkeiten:**

Stellenangebot 1: Kfz-Mechatroniker/in: handwerkliches Geschick, räumliches Vorstellungsvermögen, technisches Verständnis, mündliches Ausdrucksvermögen, Sorgfalt, Freundlichkeit ...

Stellenangebot 2: Tierpfleger/in: Zuverlässigkeit, Ausdauer, Organisationstalent, Geschick im Umgang mit Tieren, Beobachtungsgenauigkeit ...

Stellenangebot 3: Industriekaufmann/-frau: Gewissenhaftigkeit, Freundlichkeit, kaufmännisches Talent, Konzentrationsfähigkeit, mathematisches Denken, schriftliches und mündliches Ausdrucksvermögen ...

Stellenangebot 4: Bankkaufmann/-frau: mathematische und kaufmännische Fähigkeiten, sprachliches Denken, Geschick im Umgang mit Menschen, Konzentrationsfähigkeit, Organisationstalent ...

## Stellenangebot-Domino (S. 18)

Für das Domino gibt es keine eindeutige Lösung. Die Schüler sollen darüber diskutieren, welche Eigenschaften/Fähigkeiten zu den Berufen passen, das können durchaus mehrere sein.

## Das Anschreiben (S. 25/26)

**Memory®-Paare**

| **Absender** | Frank Mekle<br>Hauptstraße 1<br>01234 Musterstadt<br>Tel. 0123 45678<br>E-Mail: frank.mekle@<br>musterstadt.de |
|---|---|

| **Empfänger** | Viel Arbeit GmbH<br>Frau Meyer<br>Ringstraße 2<br>01234 Musterstadt |
|---|---|

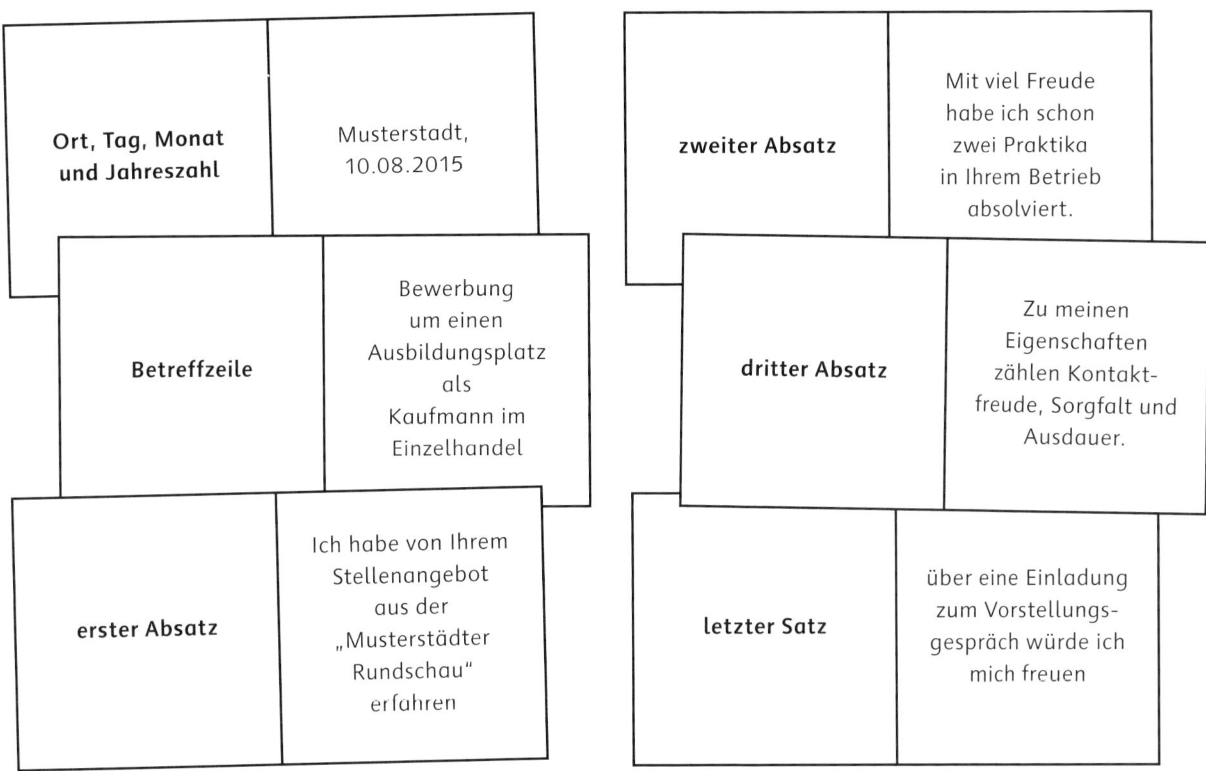


## Das Anschreiben von Frank Mekle (S. 27/28)

| Fehler | Richtig muss es heißen ... |
|---|---|
| **Absender:**<br>Straße ohne Hausnummer | Hauptstraße 1 |
| **Empfänger:**<br>Der direkte Empfänger des Bewerbungsschreibens fehlt. | Viel Arbeit GmbH<br>Frau Meyer |
| **Betreffzeile:**<br>Die Bewerbung ist für eine Ausbildungsstelle und nicht für einen festen Job. | Bewerbung um eine Ausbildungsstelle als Kaufmann im Einzelhandel |
| **erster Absatz:**<br>Die Angabe, woher der Bewerber von der Stelle erfahren hat, ist zu ungenau. | Von Ihrem Ausbildungsangebot habe ich aus der „Musterstädter Rundschau“ erfahren. |
| **zweiter Absatz:**<br>Tippfehler: eine Realschule besitzt keine 11. Klasse | Derzeit besuche ich die 10. Klasse ... |
| **dritter Absatz:**<br>Sorgfalt und Ausdauer sind keine fachlichen Voraussetzungen. | Zu meinen fachlichen Voraussetzungen zählen gute Noten in Mathematik und Französisch. |

| Fehler | Richtig muss es heißen ... |
|---|---|
| **letzter Satz:**<br>Nach einer schriftlichen Bewerbung bekommt man noch keine Zusage für die Stelle, erst einmal folgt ein Vorstellungsgespräch. | Über eine Einladung zu einem Vorstellungsgespräch würde ich mich freuen. |
| **Anlagenverzeichnis:**<br>Die Anlagen schreibt man untereinander, nicht nebeneinander. Zudem gehört das Foto direkt auf das Deckblatt oder den Lebenslauf und wird nicht extra genannt. | Anlagen:<br>• Lebenslauf<br>• Zeugnis<br>• Praktikumsbescheinigungen |

## Das Anschreiben von Veronica Hufstedt (S. 32/33)

Beispiele für Satzenden:

**1. a)** Bewerbung um einen Ausbildungsplatz als Tierpflegerin
**b)** von Ihrem Stellenangebot habe ich aus der Musterstädter-Rundschau erfahren.
**c)** Da ich sehr gerne mit Tieren zusammen bin, bewerbe ich mich hiermit auf die ausgeschriebene Ausbildungsstelle zur Tierpflegerin.
**d)** In meiner Freizeit arbeite ich ehrenamtlich im Tierheim.
**e)** Besonders gefallen haben mir das Füttern und Pflegen der Pferde sowie die Zusammenarbeit mit den Kollegen.
**f)** Meine wichtigsten Eigenschaften sind Zuverlässigkeit und Engagement.

## Ein Anschreiben zum Selberbauen (S. 34/35)

Beispiel 1:
Reihenfolge der Abschnitte: 3, 4, 7, 8, 6, 5, 1, 2
Beispiel 2:
Reihenfolge der Abschnitte: 2, 4, 3, 5, 7, 1, 6, 8

## Ein Deckblatt puzzeln (S. 38)

Reihenfolge der Abschnitte: 1, 3, 2, 4

## Lebenslauf (S. 39)

1. [B] Mekle; [C] 01.07.2000; [A] Frank; [E] Goethe-Grundschule Musterstadt; [F] Wagner-Realschule Musterstadt; [D] Musterstadt; [G] Fachoberschulreife
2. Als Einzelhandelskaufmann möchte sich der am 01.07.2000 in Musterstadt geborene Frank Mekle nach der Goethe-Grundschule Musterstadt und der Wagner-Realschule Musterstadt mit der Fachoberschulreife bewerben.

## Der Lebenslauf von Veronica Hufstedt (S. 40)

**Vorname:** Veronica
**Name:** Hufstedt
**Geburtsdatum:** 01.07.2000
**Geburtsort:** Musterstadt

**Schulausbildung:**
Goethe-Grundschule Musterstadt
Sept. 2006 – August 2010

Lessing-Hauptschule Musterstadt
September 2010 – August 2012

Max-Realschule Musterstadt
September 2012 – vorraussichtlich Juli 2016

**Lieblingsfach:** Mathematik
**Sprachkenntnisse:** Englisch
**Schulisches Engagement:**
Mitarbeit in der Schülervertretung

Musterstadt, 20.08.2015
*Veronica Hufstedt*

## Die Dritte Seite von Frank Mekle (S. 44)

(Name)

**Bewerbung um einen Ausbildungsplatz als Sattler/in – Reitsportsattlerei**

**Meine Gründe für die Bewerbung**
Mit viel Freude, großem Interesse und Begeisterung habe ich ein Schulpraktikum in einer Sattlerei absolviert. Darüber hinaus habe ich in den Sommerferien ein weiteres Praktikum in einem Reitsportgeschäft gemacht. Durch diese Praktika interessiere ich mich sehr für den Beruf Sattler.

**Meine Hobbys**
Mein größtes Hobby ist das Reiten, was ich regelmäßig ausüben.

**Mein Lieblingsfach**
Mein Lieblingsfach ist Technik, was sich auch in der Note zeigt.

**Meine Beziehungen zu Verwandten**
Auf dem Bauernhof meiner Tante und meines Onkels werden u. a. Reitpferde gehalten. Dort kann ich meinem Hobby nachgehen und lerne zusätzlich viel über den Reitsport und den Umgang mit Pferden.

**Meine Fähigkeiten**
Meine wichtigsten Fähigkeiten sind Freundlichkeit und handwerkliches Geschick.

## Die Dritte Seite von Veronica Hufstedt (S. 45/46)

1. [A] Tierpflegerin (1)
   [B] Umgang mit Tieren (3)
   [C] Spielen mit Tieren (1)
   [D] Biologie (4)
   [E] der Tier-Pension meiner Oma (2)
   [F] Zuverlässigkeit (3)
2. Ich bewerbe mich für eine Ausbildung zur Tierpflegerin mit einem Praktikum in Ihrem Betrieb, meinem Lieblingsfach Biologie, meinem Hobby Spielen mit Tieren, den Praktikumserfahrungen in der Tier-Pension meiner Oma und meiner wichtigsten Fähigkeit Zuverlässigkeit.

## Initiativbewerbungen formulieren (S. 50)

Beispiel 1: Initiativbewerbung bei der Viel zu tun mit Tieren AG

Veronica Hufstedt
Hauptstraße 3
01234 Musterstadt
Tel. 0123 56789
E-Mail: V.Hufstedt@musterstadt.de

Musterstadt, 10.09.2005

Viel zu tun mit Tieren AG
Frau Meier
Ringstraße 4
01234 Musterstadt

**Bewerbung um einen Ausbildungsplatz als Tierpflegerin**

Sehr geehrte Frau Meier,

Ihr Betrieb ist als ein großer und interessanter Arbeitgeber in der Region bekannt. Daher möchte ich gerne meine ersten Berufserfahrungen bei Ihnen sammeln und bewerbe mich hiermit um einen Ausbildungsplatz als Tierpflegerin.

Die Max-Realschule in Musterstadt werde ich voraussichtlich im Juli 2016 mit dem Mittleren Schulabschluss abschließen. Zwei Praktika in Ihrem Betrieb haben mich davon überzeugt, dass mir der Beruf der Tierpflegerin sehr zusagen würde.

Ich arbeite zuverlässig und sorgfältig.

Über eine Einladung zum Vorstellungsgespräch würde ich mich freuen.

Mit freundlichen Grüßen
*Veronica Hufstedt*

Beispiel 2: Initiativbewerbung bei der Mehr Arbeit AG

Nadia Sokolow
Hauptstraße 3
01234 Musterstadt
Tel. 0123 56789
E-Mail: NaSo@musterstadt.de

Musterstadt, 10.08.2015

Elektro AG
Hauptstraße 6
01234 Musterstadt

**Bewerbung um einen Ausbildungsplatz als Industriekauffrau**

Sehr geehrte Damen und Herren,

hiermit bewerbe ich mich um einen Ausbildungsplatz zur Industriekauffrau. Ihr Betrieb ist Marktführer in der Branche, daher würde ich gerne meine Berufslaufbahn bei Ihnen beginnen.

Die Max-Realschule in Musterstadt werde ich voraussichtlich im Juli 2016 mit dem Mittleren Schulabschluss abschließen. Während meines Schulpraktikums konnte ich schon erste Einblicke in den Beruf Industriekauffrau bekommen. Diese Erfahrung hat mich überzeugt, dass dies die richtige Ausbildung für mich ist.

Zu meinen Fähigkeiten zählen Engagement und Eigeninitiative.

Über eine Einladung zum Vorstellungsgespräch würde ich mich freuen.

Mit freundlichen Grüßen
*Nadia Sokolow*

## Das Stellengesuch (S. 54)

Beispiel für ein Stellengesuch

Schülerin sucht Ausbildungsplatz zur Tourismuskauffrau zum 1. September 2016 in Ferbach. Ich werde die Gesamtschule in Ferbach voraussichtlich am 30.6.2016 mit der Fachoberschulreife abschließen. Meine Fähigkeiten sind Freundlichkeit und Organisationstalent. Darüber hinaus habe ich gerne Umgang mit Menschen. *E-Mail: L.Keser@gemail.com*

## Allgemeinwissentests (S. 74)

**Frage 1:** Helmut Kohl
**Frage 2:** die Bundesversammlung
**Frage 3:** Metall
**Frage 4:** Sonntag
**Frage 5:** Microsoft
**Frage 6:** Berlin
**Frage 7:** Berlin
**Frage 8:** Italien
**Frage 9:** im Vatikan
**Frage 10:** Christlich Demokratische Union

# Lösungen

## Rollenspiel (S. 81)

2. Ein Personalverantwortlicher achtet in der Regel bei einem solchen Rollenspiel besonders darauf, wie der Auszubildende seine Beschwerde vorbringt (Spricht er angemessen und sachlich?), wie er argumentiert (Kann er gute Argumente vorbringen?), wie er auf Widerspruch reagiert (Kann er ruhig bleiben? Vertritt er seine berechtigte Kritik weiter?) und ob er lösungsorientiert ist (Geht er auf Vorschläge des Gegenübers ein? Bringt er selbst Kompromissvorschläge ein?).

## Rätsel zum Assessment-Center (S. 83)

1. Le[b]enslauf
2. Zeitu[n]gswiss[e]n
3. Testf[r]age
4. [V]orstellungsg[e]spraech
5. [G]ruppend[i]skussion
6. G[r][u]ppenaufgabe
7. L[o]esung
8. Verhal[t]en

Lösungswort: [V][o][r][b][e][r][e][i][t][u][n][g]
1 2 3 4 5 6 7 8 9 10 11 12

## Kleidung und Auftreten (S. 87)

1. Kaufmann im Großhandel: seriös und konservativ, z. B. Anzug und Hemd, nicht zu sportlich-lässig
   Tierpflegerin: leger, aber ordentlich, z. B. Jeans und feiner Pullover, nicht zu gestylt, da beim Umgang mit Tieren unpraktisch
   Köchin: sehr sauber, aber ruhig leger, z. B. Jeans und Bluse, nicht zu gestylt, da z. B. künstliche Fingernägel in einer Küche verboten
   Industriekauffrau: seriös und konservativ, z. B. Kostüm oder Rock und Bluse, nicht zu sexy
2. Beispiele für Stichworte in der Tabelle

| Tipps für ein Bewerbungsoutfit | No gos bei einem Bewerbungsoutfit |
|---|---|
| Die Kleidung muss zum Beruf passen. | Ein zu sexy Outfit macht einen unseriösen Eindruck. |
| Die Kleidung muss sauber sein. | Zu viel Parfum/Aftershave wirkt aufdringlich. |
| Auffällige Piercings und Tattoos sollten verdeckt sein. | Ein zu sportliches/lässiges Outfit wirkt unseriös. |
| Bevorzugte Farben für die Kleidung sind grau und blau. | Knallige Farben oder starke Muster können zu auffällig wirken. |
| Accessoires sorgfältig auswählen: Schule, Tasche usw. sollten zur Kleidung passen. | Zu viel und zu großer Schmuck sieht überheblich aus. |
| Achte darauf, dass die Kleidung gut gebügelt ist. | Eine Knoblauch- oder Alkoholfahne ist unbedingt zu vermeiden. |

| Tipps für ein Bewerbungsoutfit | No gos bei einem Bewerbungsoutfit |
|---|---|
| Benutze ein Deodorant. | Dreckige und abgelaufene Schuhe können einen guten Gesamteindruck zerstören. |
| Kontrolliere vor dem Losgehen, ob alles richtig sitzt, keine Knöpfe offen stehen usw. | Ohne Socken/Strümpfe/Strumpfhose sollte man nie zu einem Gespräch gehen, auch nicht im Sommer. |

## Körpersprache und Stimme (S. 88)

Die Frau auf dem ersten Foto wirkt offen und engagiert. Sie lächelt, ist dem Fragenden zugewandt und unterstützt mit den Händen ihre Rede. Sie macht einen sympathischen Eindruck.
Die Frau auf dem zweiten Foto wirkt dagegen ängstlich und unsicher. Sie blickt das Gegenüber schüchtern von unten her an, ihr Körper ist in sich zusammengesunken und sie hält die verschränkten Hände vor den Mund, was Verschlossenheit zeigt.

## Fragen im Vorstellungsgespräch (S. 90/91)

Beispiele für weitere Fragen:

- **Faktenfragen:** An welcher Schule machen Sie Ihren Schulabschluss? Welches Fach gefällt Ihnen am besten?
- **Erzählfragen:** Was gefällt Ihnen an dem Ausbildungsberuf, für den Sie sich beworben haben? Welche wichtigen Eigenschaften haben Sie?
- **Bewertungsfrage:** Wie sehen Sie ihre beruflichen Chancen in Ihrem Ausbildungsberuf?

## Vorstellungs-Puzzle (S. 94)

Folgende Puzzleteile gehören zusammen:

**Körpersprache und Stimme:**

- Zur Körpersprache gehören ... Haltung, Gestik und Mimik.
- Deine Körpersprache sollte ... Selbstbewusstsein zum Ausdruck bringen.
- Deine Stimmlage sollte nicht ... zu hoch sein und angenehm klingen.

**Strategien gegen Lampenfieber/Nervosität:**

- Am Tag des Vorstellungsgesprächs ... bist du ausgeschlafen und fährst pünktlich los.
- Am Tag vor dem Vorstellungsgespräch ... bist du noch einmal alle möglichen Fragen und Antworten durchgegangen.
- Bevor du das Unternehmen betrittst, ... machst du eine kurze Entspannungsübung.

**Kleidung und Auftreten:**

- Passe dein Outfit ... dem Beruf an, für den du dich bewirbst.
- Ein zu ausgefallenes oder zu sexy Styling ... wirkt unseriös und macht einen schlechten Eindruck.
- Der erste Eindruck ist wichtig, ... weil der oft den gesamten Verlauf des Gesprächs bestimmt.

# Medientipps

## Literatur

*Holger Beitz/Andrea Loch:*
**Assessment-Center.**
**Erfolgstipps und Übungen für Bewerber.**
Goldmann Verlag, 2004.

*Peter Brokemper:*
**Richtig beginnen in Ausbildung und Praktikum.**
**Vom ersten Eindruck bis zur Lösung von Konflikten.**
**Arbeitsblätter für Jugendliche.**
Verlag an der Ruhr, 2015.

*Peter H. Ebner/Sabine Fritz:*
**Berufswahl: Das will ich – Das kann ich – Das mach ich.**
**Lebensplanung spielerisch ausprobieren.**
Verlag an der Ruhr, 2005.

*Peter H. Ebner/Sabine Fritz:*
**Portfoliomappe Berufsfindung.**
**Arbeitsmaterialien zur Berufsorientierung.**
Verlag an der Ruhr, 2008.

*Elke Eßmann:*
**111 Arbeitgeberfragen im Vorstellungsgespräch**
**Absichten erkennen – Pluspunkte sammeln – Stolpersteine vermeiden.**
Goldmann Verlag, 2015.

*Silke Hell:*
**Assessment-Center.**
**Souverän agieren – gekonnt überzeugen.**
Beck Juristischer Verlag, 2015.

*Jürgen Hesse/Hans-Christian Schrader:*
**Das perfekte Vorstellungsgespräch.**
**Professionell vorbereiten und überzeugen.**
Stark Verlagsgesellschaft, 2014.

*Jürgen Hesse/Hans-Christian Schrader:*
**Die erfolgreiche Online-Bewerbung.**
**Online-Formular – E-Mail-Bewerbung – Social Networks.**
Stark Verlagsgesellschaft, 2014.

*Jürgen Hesse/Hans-Christian Schrader:*
**Training – Vorstellungsgespräch:**
**Vorbereitung – Fragen und Antworten – Körpersprache und Rhetorik.**
Stark Verlagsgesellschaft, 2014.

*Jürgen Hesse/Hans-Christian Schrader:*
**Training Schriftliche Bewerbung:**
**Anschreiben – Lebenslauf – E-Mail- und Online-Bewerbung.**
Stark Verlagsgesellschaft, 2015.

*Karin Hohlweger:*
**Welche Ausbildung passt zu mir?**
**Die Spielesammlung zur Berufswahl.**
Verlag an der Ruhr, 2014.

*Antonia Klein:*
**Schlüsselqualifikationen – Türöffner für die Zukunft.**
**Übungen und Arbeitsblätter für Jugendliche.**
Verlag an der Ruhr, 2015.

*Christine Öttl/Gitte Härter:*
**Schriftliche Bewerbung**
**Mit Profil zum Erfolg. Anschreiben perfekt formulieren.**
**Von Kurz-Profil bis zur Online-Bewerbung.**
Gräfe und Unzer, 2010.

## Links

http://berufenet.arbeitsagentur.de/berufe/index.jsp
Seite der Arbeitsagentur über Berufe mit Informationen zu Ausbildung und Tätigkeiten sowie Informationsfilmen.

www.planet-beruf.de
Seite der Arbeitsagentur für Jugendliche mit Informationen zur Berufswahl, Bewerbung, Ausbildung usw.

www.schule-bw.de/schularten/hauptschule/berufswegeplan/schueler
Seite des Landesbildungsservers Baden-Württemberg mit Hinweisen zur Berufsfindung für Schüler

**Stellenbörsen im Internet**
www.stellenboersen.de
www.stellenangebote.de
www.ausbildungsstelle.com

**Liste mit kostenlosen Bloganbietern**
www.bloganbieter.de/bloganbieter